成本会计实训教程

张惠军　徐林颖　主编

中国石油大学出版社
CHINA UNIVERSITY OF PETROLEUM PRESS

图书在版编目(CIP)数据

成本会计实训教程 / 张惠军,徐林颖主编. —东营：
中国石油大学出版社，2016.1
ISBN 978-7-5636-5180-1

Ⅰ. ①成… Ⅱ. ①张… ②徐… Ⅲ. ①成本会计—教
材 Ⅳ. ①F234.2

中国版本图书馆 CIP 数据核字(2016)第 029443 号

书　　名：成本会计实训教程
作　　者：张惠军　徐林颖

责任编辑：阙青兵(电话 0532—86981538)
封面设计：赵志勇

出 版 者：中国石油大学出版社(山东 东营　邮编 257061)
网　　址：http://www.uppbook.com.cn
电子信箱：zhiyejiaoyu_qqb@163.com
印 刷 者：山东省东营市新华印刷厂
发 行 者：中国石油大学出版社(电话 0532—86983437)
开　　本：185 mm×260 mm　**印张**：11　**字数**：268 千字
版　　次：2016 年 2 月第 1 版第 1 次印刷
定　　价：19.80 元

编 委 会

主　编　张惠军　徐林颖

副主编　王美田　赵曰武　赵海霞

　　　　王美玲　郭淑华

主　审　刘　菁

前言 Preface

近几年来，成本会计专业高职学生的实习面临着不少的困难，为了增强学生的实际操作能力和综合分析能力，编者集长期教学经验与下企业顶岗实习实践经验，结合2006年财政部新颁布的《企业会计准则》，联系企业的实际情况，编写了《成本会计实训教程》，以期使学生对成本核算、成本分析工作有比较真实的认知，从而实现理论与实践的无缝对接。

本书所用资料是在企业实际资料基础上适当改编而成，其实训资料、业务流程、相关原始凭证等都已经尽可能逼真，以便学生真实地了解企业成本会计工作。书中出现的公司名称纯属虚构，其相关资料介绍与成本核算资料亦是出于教学需要而编写，请勿对号入座。

本教程由张惠军、徐林颖任主编，王美田、赵曰武、赵海霞、王美玲、郭淑华任副主编。张惠军负责本教程框架设计及编写，徐林颖负责补充资料及验算修改，王美田、赵曰武、赵海霞、王美玲、郭淑华负责提供有关资料及部分编写修改。胜利油田长安控股集团有限公司董事长、高级经济师吴时军及公司会计人员为本教程的编写给予了大力支持，特别是会计师刘菁对本书进行了详细的审核，在此一并感谢。

由于编者能力水平有限，不足之处敬请读者斧正，以便修改，不断进步。

编 者

2015年12月

目　录 Contents

模拟实训教程大纲

一、总则

成本会计学课程属于会计专业主干课程之一，是会计学中的一个重要分支，是以企业的生产经营管理费用为核算对象，主要对内提供企业产品成本和劳务成本以及经营管理费用方面的信息，为企业的成本管理与控制工作提供依据。通过本课程的学习，以求能使学生掌握成本会计学的基本概念、基本理论、基本方法和成本报表的编制与分析，为后续课程的学习和将来的会计工作储备必要的成本会计知识和技能。

成本会计学是一门技术性和操作性很强的课程，因此需要通过实训型教学，以提高学生的实际操作能力。模拟实训教学就是在成本会计学理论教学的基础上，通过对模拟实训教程的操作，使学生能够熟练运用成本会计学的基本概念、理论和方法，掌握处理成本会计业务工作的基本能力，培养学生对所学成本会计学知识的认识与理解；通过对成本会计业务内容的分析与处理，使学生能够掌握成本会计核算的专业技术与操作方法，提高学生的动手能力，巩固理论教学成果；通过实训教程的模拟操作，使学生系统地掌握制造企业产品成本核算的一般流程、成本费用的归集与分配方法、基本的成本核算技术与计算方法、成本报表的编制和一般分析方法。

本模拟实训教程根据实训教材提供的资料和具体要求，在教师的指导下由学生在规定的时间内独立完成试验任务。通过实训，学生应熟练掌握产品成本核算的一般程序和方法，熟悉各种产品成本核算技术的应用，成本报表编制的依据、程序及成本报表的分析方法，并写出实训报告。

二、实训主要内容

结合成本会计学课程的教学要求，本模拟实训教程设计了以下几个方面的模拟实训项目：

(1) 以一家制造企业的产品生产基本业务为例，设计了产品生产过程中各项费用要素的发生与归集情况，结合该企业产品成本核算的相关资料，要求学生能熟练运用产品成本核算的品种法、分步法及分类法来完成该企业产品成本核算工作，主要目的是让学生体会和掌握成本会计核算工作的一般程序，各项费用要素的归集、分配方法，成本核算基本技术的运用。

（2）成本会计工作的目的之一是为成本管理与控制工作提供依据，编制成本会计报表和对报表信息的分析利用就是达到这一目的的重要手段。本实训教程结合相关核算项目资料，设计了成本会计报表的编制和分析环节，目的是使学生掌握成本会计基本报表的编制方法，并能利用报表资料对成本信息进行规范化的分析。

三、实训考核与评分方法

成本会计学模拟实训成绩的考核分为优秀、良好、中等、及格、不及格五个等级。各等级评分标准如下（要求准备规范的记账凭证、票据、账簿等）：

1. 优秀（A）

（1）会计凭证的填制符合有关财经、会计等法规的要求，无涂改现象，凭证装订规范。

（2）账簿设置符合要求，账簿记录符合规范，账面整洁。

（3）核算方法及技术应用熟练。

（4）报表编制、分析符合规范。

（5）实训结论正确。

（6）实训报告格式规范，实训目的明确，实训原理与步骤正确，实训内容数据记录全面，实训体会能体现出专业特征。

2. 良好（B）

（1）会计凭证的填制符合有关财经、会计等法规的要求，无涂改现象，凭证装订规范。

（2）账簿设置符合要求，账簿记录基本符合规范，账面比较整洁。

（3）核算方法及技术应用正确。

（4）报表编制、分析符合规范。

（5）实训结论正确。

（6）实训报告格式规范，实训目的明确，实训原理与步骤正确，实训内容数据记录全面，有一定的实训体会。

3. 中等（C）

（1）会计凭证的填制符合有关财经、会计等法规的要求，基本无涂改现象，凭证装订规范。

（2）账簿设置基本符合要求，账簿记录基本符合规范，账面比较整洁。

（3）核算方法及技术应用基本正确。

（4）报表编制、分析基本符合规范。

（5）实训结论基本正确。

（6）实训报告格式规范，实训目的明确，实训原理与步骤正确，实训内容数据记录较全面，有一定的实训体会。

4. 及格（D）

（1）会计凭证的填制基本符合有关财经、会计等法规的要求，基本无涂改现象，凭证装订较规范。

(2) 账簿设置基本符合要求,账簿记录基本符合规范,账面尚整洁。

(3) 能运用基本的核算技术与方法。

(4) 报表编制方法基本正确。

(5) 实训结论基本正确。

(6) 实训报告格式规范,实训目的明确,实训原理与步骤正确,实训内容数据记录较全面,有一定的实训体会。

5. 不及格(E)

(1) 会计凭证的填制不符合有关财经、会计等法规的要求,涂改现象严重,凭证装订不规范。

(2) 账簿设置不符合要求,账簿记录不符合规范,账面不整洁。

(3) 不能运用基本的核算技术与方法。

(4) 报表编制不符合规范。

(5) 实训结论不正确。

(6) 实训报告格式不规范,实训目的不明确,实训原理与步骤不正确,实训内容数据记录不全,体会不符合专业特征。

成本核算岗位职责

1. 拟定成本核算方法

根据国家发布的《企业产品成本核算制度（试行）》和成本核算的有关规定，结合本单位生产经营的特点和管理的需要，拟定本单位的成本核算方法。

2. 编制成本、费用计划

根据本单位的生产经营计划中关于降低成本的要求，结合本单位实际情况，挖掘降低成本、费用的潜力，编制成本、费用的计划，并按年、季、月将指标分解，层层落实，实行归口分级管理，组织成本、费用计划的实现。

3. 加强成本管理的基础工作

积极会同有关部门建立健全各项原始记录、定额管理和计量检验等制度，为正确计算成本、加强成本管理提供可靠的依据。

4. 核算产品成本

严格按照成本核算办法的规定，正确归集分配生产费用。根据实际产量、实际消耗的材料、人工、费用，并按照规定办法，按月调整为实际成本，不得以计划成本、估计成本以及定额成本代替实际成本。要划清本期产品成本和下期产品成本的界限，不得任意压低或提高在产品成本。要划清可比产品和不可比产品成本的界限，不得虚拟可比产品成本降低额。凡是成本核算办法规定不准列入成本的开支，都不得计入产品成本。要按照规定的成本费用项目和成本核算对象登记成本、费用明细账。

5. 编制成本、费用报告，进行成本、费用的分析和考核

根据账簿记录，成本计划和上年的成本、费用等有关资料，按照规定编制各种成本费用报表，并分析成本、费用计划的执行情况和升降原因，预测成本发展趋势，对照同行业的成本、费用资料，提出降低成本、费用的途径和加强成本管理的意见。

6. 协助管理在产品和自制半成品

协助有关部门建立在产品台账和半成品登记簿，在产品的内部转移和半成品的入库出库都要认证登记。对在产品和自制半成品要定期盘点，做到账实相符。

7. 开展部门、车间和班组的经济核算

根据分析下达的成本、费用计划指标层层落实到班组或个人，采取多种形式开展部门、车间和班组的群众性经济核算，贯彻经济责任制。

成本、费用核算账务处理程序图

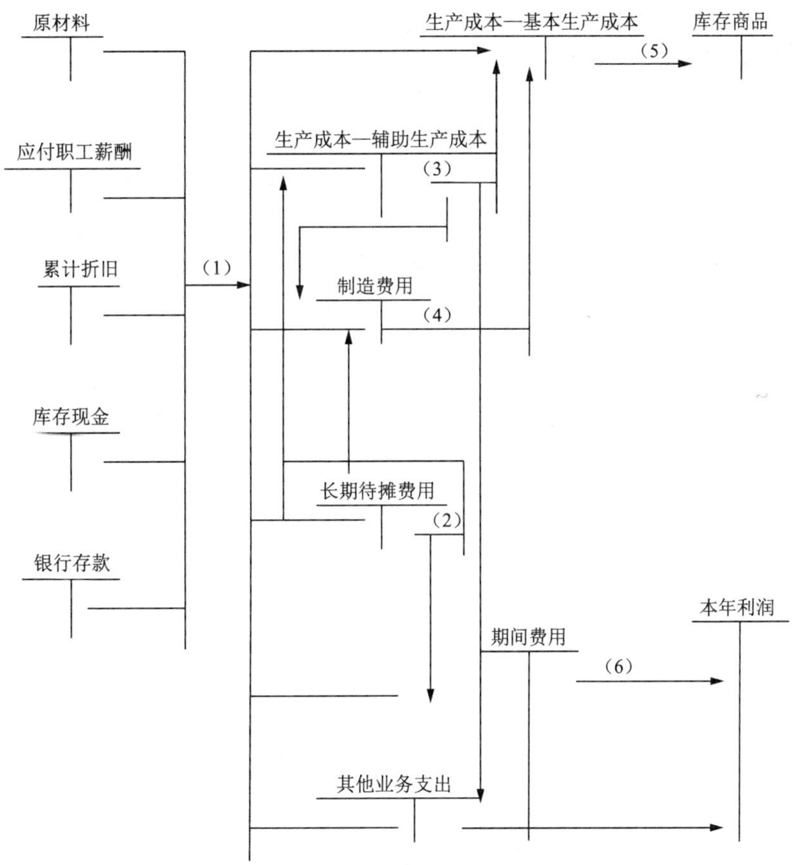

注：(1) 指各项要素费用的分配；

(2) 指长期待摊费用的分配；

(3) 指辅助生产成本的分配；

(4) 指制造费用的分配；

(5) 指结转完工产品成本；

(6) 指结转期间费用(管理费用、销售费用、财务费用)等。

辅助车间一般不设制造费用，其相关成本直接计入辅助生产成本。

实训资料

一、企业概况

沁园春新材料有限公司是一家以新材料、新能源为主营的高新技术企业，占地432亩，注册资本3 679万元，主要生产新型节水材料保水剂及其衍生品、阻水膏以及开展油田化学品经营和技术服务。该公司拥有固定资产2 000万元，职工71人，设有两个基本车间，分别生产保水剂、阻水膏，还有动力、机修两个辅助生产车间，动力车间为保水剂生产提供热力及满足办公室冬天采暖的需要，机修车间从事设备维修。

该企业主要生产保水剂（颗粒状、粉末状）、阻水膏两种产品。

保水剂生产工艺流程图如下：

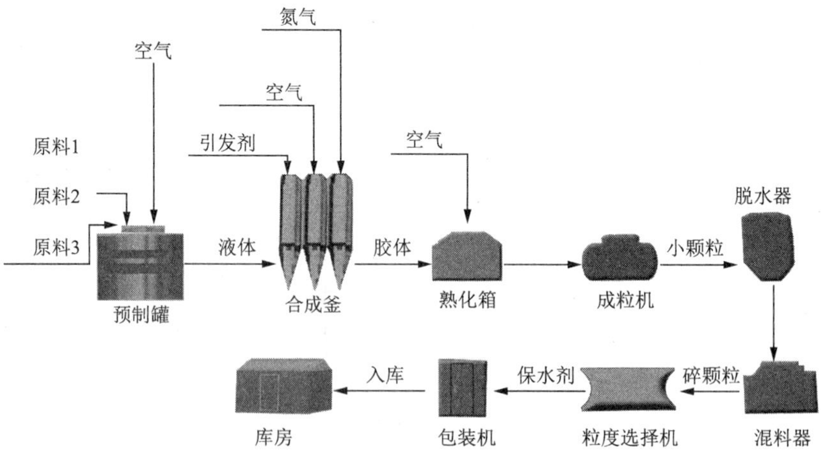

原料在预制罐大约需要3小时，在聚合釜（合成釜）大约需要2小时，完成所有工艺流程产品入库共需6小时，产品中颗粒与粉末质量比例为4.7∶1。在研磨过程前可能有半成品，如果要全部加工成粉末，比正常加工大约需要多3小时/釜，研磨设备每小时耗电70度。

阻水膏生产工艺流程图如下：

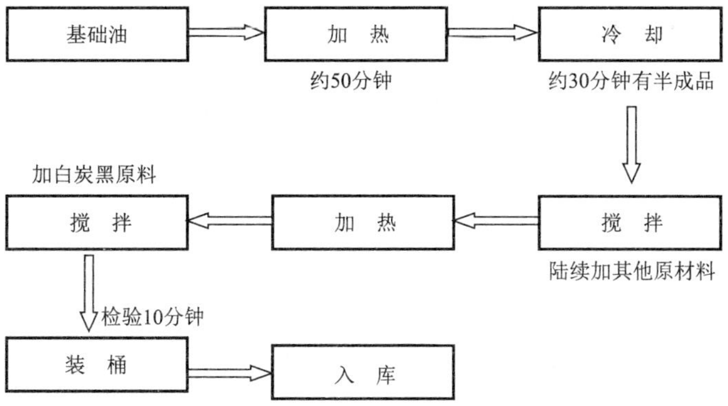

阻水膏整个生产工艺流程完成产品入库大约需要3小时，至少3人操作机器或手工作业，冷却槽有半成品。整个工艺可以分成两大步骤：从基础油（一次抽400升）到加热、冷却为第一步，然后从冷却槽抽油（一次抽500升）加料搅拌、加热再加料搅拌、检验装桶入库为第二步。

二、财务制度及有关规定

1. 资产部分

(1) 材料、半成品、产成品入库按实际成本计价，领用材料按加权平均法计价。
(2) 固定资产折旧采用使用年限法。
(3) 低值易耗品采用一次摊销法。

2. 产品成本核算部分

(1) 该厂实行厂部一级核算，产品成本项目分为直接材料、直接人工、制造费用。
(2) 阻水膏成本可以采用综合结转分步法，直接移交。保水剂采用品种法或者分类法。
(3) 辅助生产成本采用直接分配法。

3. 其他部分

开户银行：东营银行××支行　账号：66607010000000××××
纳税登记号：37050266900××××
法人代表：伍世军。会计主管：刘梅。会计：王芳。出纳：谢玉香。库管：张瑞，张方。

三、公司2012年2月的相关成本核算资料

（一）期初在产品

因生产周期短，保水剂无期初在产品；阻水膏期初在产品成本为6 401.62元（0.76×8 423.18＝6 401.62元，由于在产品数量变化大且原材料比重特别大，所以在产品按所耗原材料费用计算）。

（二）期初原材料明细账

名　称	规　格	数　量	单　价	金　额
基础油	（略）	65 吨	8 423.28 元/吨	
合成橡胶		3 吨	35 250 元/吨	
甘　油		3 吨	4 647.21 元/吨	
高吸水树脂		8 吨	18 447.94 元/吨	
白炭黑		10 吨	7 008.55 元/吨	
抗氧剂		1 吨	27 350.42 元/吨	
丙烯酸		35 吨	14 827.15 元/吨	
N-羟甲基		35 吨	13 500 元/吨	
N-羟基		36 吨	23 900 元/吨	
N,N′-亚甲基双丙烯酰胺		0.1 吨	64 957.26 元/吨	
过硫酸铵		0.5 吨	4 700.86 元/吨	
AM 水剂		57 吨	2 894.23 元/吨	
离子膜烧碱		54 吨	464.76 元/吨	
白油分散剂		20 吨	12 107.72 元/吨	
水煤浆		483.21 吨	811.96 元/吨	
柴　油		4 622.15 升	7.40 元/升	

（三）本期发生的业务及原始凭证

1. 材料费用业务

1-1 购入设备并交付使用（货款已经预付）

江苏增值税专用发票

（印章：全国统一发票监制章 江苏 国家税务总局监制）

3200113140　　抵扣联　　№18000554

开票日期：2012年2月2日

购货单位	名称：沁园春新材料有限公司 纳税人识别号：37050266900×××× 地址、电话：东营黄河路××号 0546—8029××× 开户行及账号：东营银行××支行 66607010000000××××			密码区	（略）		
货物或应税劳务名称	规格型号	单位	数量	单价	金额	税率	税额
聚合釜	1 800×3 150	台	4	102 500	410 000	17%	69 700
价税合计（大写）	⊗肆拾柒万玖仟柒佰元整						¥479 700.00
销货单位	名称：无锡市江南容器成套有限公司 纳税人识别号：36084100111×××× 地址、电话：无锡市解放街××号 0510—3132××× 开户行及账号：工行无锡分行 18010011220××××			备注	（印章：无锡市江南容器成套有限公司 本票支付 36084100111×××× 发票专用章）		

收款人 王五　　复核　　开票人 王丽英　　销货单位（章）

国税函[2009]102号　南京造币有限公司

第二联：抵扣联　购货方扣税凭证

江苏增值税专用发票

（印章：全国统一发票监制章 江苏 国家税务总局监制）

3200113140　　发票联　　№18000554

开票日期：2012年2月2日

购货单位	名称：沁园春新材料有限公司 纳税人识别号：37050266900×××× 地址、电话：东营黄河路××号 0546—8029××× 开户行及账号：东营银行××支行 66607010000000××××			密码区	（略）		
货物或应税劳务名称	规格型号	单位	数量	单价	金额	税率	税额
聚合釜	1 800×3 150	台	4	102 500	410 000	17%	69 700
价税合计（大写）	⊗肆拾柒万玖仟柒佰元整						¥479 700.00
销货单位	名称：无锡市江南容器成套有限公司 纳税人识别号：36084100111×××× 地址、电话：无锡市解放街××号 0510—3132××× 开户行及账号：工行无锡分行 18010011220××××			备注	（印章：无锡市江南容器成套有限公司 本票支付 36084100111×××× 发票专用章）		

收款人 王五　　复核　　开票人 王丽英　　销货单位（章）

国税函[2009]102号　南京造币有限公司

第三联：发票联　购货方记账凭证

粘 贴 面

固定资产入账通知单

被通知单位：保水剂车间　　2012 年 2 月 5 日　　编号：201201

固定资产名称	规格型号	建造单位			数量	原值/元	预计使用年限/年	预计净残值/元	每月折旧		入账原因
		名称	日期	编号					月折旧率	月折旧额/元	
车间设备	1 800×3 150	聚合釜	2012 2-2	SB-D-201202-001	1	102 500	17	3 075	0.5%	487.38	新购
车间设备	1 800×3 150	聚合釜	2012 2-2	SB-D-201202-002	1	102 500	17	3 075	0.5%	487.38	新购
车间设备	1 800×3 150	聚合釜	2012 2-2	SB-D-201202-003	1	102 500	17	3 075	0.5%	487.38	新购
车间设备	1 800×3 150	聚合釜	2012 2-2	SB-D-201202-004	1	102 500	17	3 075	0.5%	487.38	新购
合计					4	410 000		12 300		1 949.52	

使用单位负责人：伍世军　　验收人：张瑞

粘 贴 面

1-2 购买材料

1-2-1 购买 N,N'-亚甲基双丙烯酰胺

江苏增值税专用发票

3200113140　　　　No18000502

开票日期:2012年2月2日

购货单位	名称:沁园春新材料有限公司 纳税人识别号:37050266900×××× 地址、电话:东营黄河路××号 0546—8029××× 开户行及账号:东营银行××支行 66607010000000××××	密码区	(略)				
货物或应税劳务名称	规格型号	单位	数量	单价	金额	税率	税额
N,N'-亚甲基双丙烯酰胺		吨	1.5	64 900	97 350	17%	16 549.50
价税合计(大写)	⊗壹拾壹万叁仟捌佰玖拾玖元伍角整						¥113 899.50
销货单位	名称:无锡市海普化工有限公司 纳税人识别号:36084100111×××× 地址、电话:无锡市解放街××号 0510－3232××× 开户行及账号:工行无锡分行 18010011220××××	备注					

收款人 王方　　复核　　开票人 王英　　销货单位(章)

江苏增值税专用发票

3200113140　　　　No18000502

开票日期:2012年2月2日

购货单位	名称:沁园春新材料有限公司 纳税人识别号:37050266900×××× 地址、电话:东营黄河路××号 0546—8029××× 开户行及账号:东营银行××支行 66607010000000××××	密码区	(略)				
货物或应税劳务名称	规格型号	单位	数量	单价	金额	税率	税额
N,N'-亚甲基双丙烯酰胺		吨	1.5	64 900	97 350	17%	16 549.50
价税合计(大写)	⊗壹拾壹万叁仟捌佰玖拾玖元伍角整						¥113 899.50
销货单位	名称:无锡市海普化工有限公司 纳税人识别号:36084100111×××× 地址、电话:无锡市解放街××号 0510－3232××× 开户行及账号:工行无锡分行 18010011220××××	备注					

收款人 王方　　复核　　开票人 王英　　销货单位(章)

粘贴面

公路、内河货物运输业统一发票

全国统一发票监制章 浙江 地方税务总局监制

备查号：　　　　　　　　　　　　　　　　发票代码：23703041110

开票日期　2012年2月3日　　　　　　　　　发票号码：00007457

机打代码 机打号码 机器编号	237030412788 00008685	税控码	（略）
收货人及纳税人识别号	沁园春新材料有限公司 37050266900××××	承运人及纳税人识别号	丽水货物运输公司 73010500137××××
发货人及纳税人识别号	无锡市海普化工有限公司 36084100111××××	主管税务机关及代码	731030×××
运输项目及金额	货物名称 N,N'-亚甲基双丙烯酰胺　数量 1.5吨　运费金额 1 000.00	其他项目及金额	备注（手写无效） 代开单位盖章
运费小计	￥1 000.00	其他费用小计	
合计（大写）壹仟元整			（小写）￥1 000.00
代开单位及代码		扣缴税额、税率完税凭证号码	

丽水货物运输公司 73010500137×××× 发票专用章

第三联：发票联　付款方记账凭证

（现金支付）

东营银行转账支票

东营银行 转账支票存根 XⅥ0286439	东营银行转账支票　鲁　XⅥ0286439
附加信息	出票日期（大写）　年　月　日　付款行名称
出票日期　年　月　日	收款人：　出票行账号
收款人	人民币（大写）　千 百 十 万 千 百 十 元 角 分
金　额	用途：________
用　途	上列款项请从我账户内支付
单位主管　会计	出票人签章　复核　记账

本支票付款期限十天

（本转账支票要求学生自己填写、支付货款）

收　料　单

材料科目：原材料　　　　　　　　　　　　编号：0018

材料类别：主要材料　　　　　　　　　　　收料仓库：1号仓库

供应单位：无锡市海普化工有限公司　2012年2月3日　发票号码：18000502

材料编号	材料名称	规格	计量单位	数量		实际价格			
				应收	实收	单价	发票金额	运费	合计
001	N,N'-亚甲基双丙烯酰胺		吨	1.5	1.5	64 900	97 350	930	98 280
备注									

采购员 张凡　　检验员 赵康　　记账员　　保管员 张瑞

粘 贴 面

1-2-2 购买分散剂

江苏增值税专用发票

全国统一发票监制章 山东 国家税务总局监制 抵扣联

3200113140

№18000505

开票日期：2012年2月5日

国税函[2009]102号 南京造币有限公司

购货单位	名　　称：沁园春新材料有限公司 纳税人识别号：37050266900×××× 地 址、电 话：东营黄河路××号 0546—8029××× 开户行及账号：东营银行××支行 66607010000000××××	密码区	（略）

货物或应税劳务名称	规格型号	单位	数量	单价	金额	税率	税额
分散剂		吨	5.1	12 051	61 460.1	17%	10 448.22
运费					1 709.4	7%	119.66
合计					63 169.5		10 567.88
价税合计（大写）	⊗柒万叁仟柒佰叁拾柒元叁角捌分						￥73 737.38

销货单位	名　　称：无锡市海普化工有限公司 纳税人识别号：36084100111×××× 地 址、电 话：无锡市解放街××号 0510－3232××× 开户行及账号：工行无锡分行 18010011220××××	备注	无锡市海普化工有限公司 本票支付 36084100111×××× 发票专用章

收款人 王方　　复核　　开票人 王英　　销货单位（章）

第二联：抵扣联 购货方扣税凭证

江苏增值税专用发票

全国统一发票监制章 山东 国家税务总局监制 发票联

3200113140

№18000505

开票日期：2012年2月5日

国税函[2009]102号 南京造币有限公司

购货单位	名　　称：沁园春新材料有限公司 纳税人识别号：37050266900×××× 地 址、电 话：东营黄河路××号 0546—8029××× 开户行及账号：东营银行××支行 66607010000000××××	密码区	（略）

货物或应税劳务名称	规格型号	单位	数量	单价	金额	税率	税额
分散剂		吨	5.1	12 051	61 460.1	17%	10 448.22
运费					1 709.4	7%	119.66
合计					63 169.5		10 567.88
价税合计（大写）	⊗柒万叁仟柒佰叁拾柒元叁角捌分						￥73 737.38

销货单位	名　　称：无锡市海普化工有限公司 纳税人识别号：36084100111×××× 地 址、电 话：无锡市解放街××号 0510－3232××× 开户行及账号：工行无锡分行 18010011220××××	备注	无锡市海普化工有限公司 本票支付 36084100111×××× 发票专用章

收款人 王方　　复核　　开票人 王英　　销货单位（章）

第三联：发票联 购货方记账凭证

粘贴面

商业承兑汇票

出票日期贰零壹贰年零贰月零伍日

付款人	全　称	沁园春新材料有限公司			收款人	全　称	无锡市海普化工有限公司								
	账　号	66607010000000××××				账　号	18010011220××××								
	开户银行	东营银行××支行	行号	6109		开户银行	工行无锡分行	行号	26135						
出票金额	人民币（大写）	柒万叁仟柒佰叁拾柒元叁角捌分				千	百	十	万	千	百	拾	元	角	分
								¥	7	3	7	3	7	3	8
汇票到期日	2012年8月5日				交易合同号码	219999									
汇票已经承兑，到期无条件支付票 沁园春新材料有限公司财务专用章　伍世军印 承兑人签章 承兑日期2012年2月5日					本汇票请予以承兑于到期日付款 沁园春新材料有限公司财务专用章　伍世军印 出票人签章										

此联持票人开户行随委托收款凭证寄付款人开户行作借方附件

收　料　单

材料科目：原材料　　　　编号：0021

材料类别：主要材料　　　　收料仓库：2号仓库

供应单位：无锡市海普化工有限公司　　2012年2月6日　　发票号码：18000505

材料编号	材料名称	规格	计量单位	数量		实际价格			
				应　收	实　收	单　价	发票金额	运　费	合　计
	分散剂		吨	5.1	5.1	12 051	61 460.1	1 709.4	63 169.5
备　注									

采购员 张凡　　检验员 赵康　　记账员　　保管员 张瑞

1-2-3　水煤浆入库

收　料　单

材料科目：原材料　　　　编号：0022

材料类别：主要材料　　　　收料仓库：2号仓库

供应单位：新泰市源通工贸有限公司　　2012年2月26日　　发票号码：

材料编号	材料名称	规格	计量单位	数量		实际价格			
				应　收	实　收	单　价	发票金额	运　费	合　计
	水煤浆		吨	135.71	135.71	820	111 282.2		111 282.2
备　注	货到发票账单未到，按合同价暂估入账，款未付								

采购员 张凡　　检验员 赵康　　记账员　　保管员 张瑞

粘 贴 面

1-2-4 购买包装袋

山东增值税专用发票

（全国统一发票监制章 山东 国家税务总局监制）

3700113140　　抵扣联　　No12268834

开票日期:2012年2月6日

购货单位	名　　称:沁园春新材料有限公司 纳税人识别号:37050266900×××× 地　址、电　话:东营黄河路××号 0546—8029××× 开户行及账号:东营银行××支行　66607010000000××××	密码区	（略）

货物或应税劳务名称	规格型号	单　位	数　量	单　价	金　额	税　率	税　额
包装袋	大号	个	2 000	3.68	7 360	17%	1 251.2
包装袋	小号	个	2 000	0.53	1 060	17%	180.2
合计					8 420		1 431.4
价税合计(大写)	⊗玖仟捌佰伍拾壹元肆角整						¥9 851.4

销货单位	名　　称:东营市包装材料公司 纳税人识别号:36084100111×××× 地　址、电　话:东营市南一路××号 0546-8755××× 开户行及账号:工行东营分行 18010033220××××	备注	东营市包装材料公司 本票支付 36084100111×××× 发票专用章

收款人 张强　　复核　　开票人 王华　　销货单位(章)

国税函[2011]102号　西安印钞有限公司

第二联：抵扣联　购货方扣税凭证

山东增值税专用发票

（全国统一发票监制章 山东 国家税务总局监制）

3700113140　　发票联　　No12268834

开票日期:2012年2月6日

购货单位	名　　称:沁园春新材料有限公司 纳税人识别号:37050266900×××× 地　址、电　话:东营黄河路××号 0546—8029××× 开户行及账号:东营银行××支行　66607010000000××××	密码区	（略）

货物或应税劳务名称	规格型号	单　位	数　量	单　价	金　额	税　率	税　额
包装袋	大号	个	2 000	3.68	7 360	17%	1 251.2
包装袋	小号	个	2 000	0.53	1 060	17%	180.2
合计					8 420		1 431.4
价税合计(大写)	⊗玖仟捌佰伍拾壹元肆角整						¥9 851.4

销货单位	名　　称:东营市包装材料公司 纳税人识别号:36084100111×××× 地　址、电　话:东营市南一路××号 0546-8755××× 开户行及账号:工行东营分行 18010033220××××	备注	东营市包装材料公司 本票支付 36084100111×××× 发票专用章

收款人 张强　　复核　　开票人 王华　　销货单位(章)

国税函[2011]102号　西安印钞有限公司

第三联：发票联　购货方记账凭证

粘 贴 面

山东增值税专用发票

3700113140　　　　全国统一发票监制章 山东 国家税务总局监制　抵扣联　　　　№12268835

开票日期：2012年2月6日

购货单位	名　　称：沁园春新材料有限公司 纳税人识别号：37050266900×××× 地　址、电　话：东营黄河路××号 0546—8029××× 开户行及账号：东营银行××支行　66607010000000××××	密码区	（略）

货物或应税劳务名称	规格型号	单　位	数　量	单　价	金　额	税　率	税　额
包装袋	大号	个	2 000	3.68	7 360	17%	1 251.2
包装袋	小号	个	2 000	0.53	1 060	17%	180.2
合计					8 420		1 431.4
价税合计（大写）	⊗玖仟捌佰伍拾壹元肆角整						￥9 851.4

销货单位	名　　称：东营市包装材料公司 纳税人识别号：36084100111×××× 地　址、电　话：东营市南一路××号 0546－8755××× 开户行及账号：工行东营分行 18010033220××××	备注	东营市包装材料公司 本票支付 36084100111×××× 发票专用章

收款人 张强　　　　复核　　　　开票人 王华　　　　销货单位（章）

国税函[2011]102号　西安印钞有限公司

第二联：抵扣联　购货方扣税凭证

山东增值税专用发票

3700113140　　　　全国统一发票监制章 山东 国家税务总局监制　发票联　　　　№12268835

开票日期：2012年2月6日

购货单位	名　　称：沁园春新材料有限公司 纳税人识别号：37050266900×××× 地　址、电　话：东营黄河路××号 0546—8029××× 开户行及账号：东营银行××支行　66607010000000××××	密码区	（略）

货物或应税劳务名称	规格型号	单　位	数　量	单　价	金　额	税　率	税　额
包装袋	大号	个	2 000	3.68	7 360	17%	1 251.2
包装袋	小号	个	2 000	0.53	1 060	17%	180.2
合计					8 420		1 431.4
价税合计（大写）	⊗玖仟捌佰伍拾壹元肆角整						￥9 851.4

销货单位	名　　称：东营市包装材料公司 纳税人识别号：36084100111×××× 地　址、电　话：东营市南一路××号 0546－8755××× 开户行及账号：工行东营分行 18010033220××××	备注	东营市包装材料公司 本票支付 36084100111×××× 发票专用章

收款人 张强　　　　复核　　　　开票人 王华　　　　销货单位（章）

国税函[2011]102号　西安印钞有限公司

第三联：发票联　购货方记账凭证

粘 贴 面

山东增值税专用发票

全国统一发票监制章 山东 国家税务总局监制 抵扣联

3700113140　　　　№12268836

开票日期：2012年2月6日

购货单位	
名称	沁园春新材料有限公司
纳税人识别号	37050266900××××
地址、电话	东营黄河路××号 0546—8029×××
开户行及账号	东营银行××支行 66607010000000××××
密码区	（略）

货物或应税劳务名称	规格型号	单位	数量	单价	金额	税率	税额
包装袋	大号	个	2 000	3.68	7 360	17%	1 251.2
包装袋	小号	个	2 000	0.53	1 060	17%	180.2
合计					8 420		1 431.4
价税合计（大写）	⊗玖仟捌佰伍拾壹元肆角整						￥9 851.4

销货单位	
名称	东营市包装材料公司
纳税人识别号	36084100111××××
地址、电话	东营市南一路××号 0546－8755×××
开户行及账号	工行东营分行 18010033220××××
备注	东营市包装材料公司 本票支付 36084100111×××× 发票专用章

收款人 张强　　复核　　开票人 王华　　销货单位（章）

国税函[2011]102号　西安印钞有限公司

第二联：抵扣联　购货方扣税凭证

山东增值税专用发票

全国统一发票监制章 山东 国家税务总局监制 发票联

3700113140　　　　№12268836

开票日期：2012年2月6日

购货单位	
名称	沁园春新材料有限公司
纳税人识别号	37050266900××××
地址、电话	东营黄河路××号 0546—8029×××
开户行及账号	东营银行××支行 66607010000000××××
密码区	（略）

货物或应税劳务名称	规格型号	单位	数量	单价	金额	税率	税额
包装袋	大号	个	2 000	3.68	7 360	17%	1 251.2
包装袋	小号	个	2 000	0.53	1 060	17%	180.2
合计					8 420		1 431.4
价税合计（大写）	⊗玖仟捌佰伍拾壹元肆角整						￥9 851.4

销货单位	
名称	东营市包装材料公司
纳税人识别号	36084100111××××
地址、电话	东营市南一路××号 0546－8755×××
开户行及账号	工行东营分行 18010033220××××
备注	东营市包装材料公司 本票支付 36084100111×××× 发票专用章

收款人 张强　　复核　　开票人 王华　　销货单位（章）

国税函[2011]102号　西安印钞有限公司

第三联：发票联　购货方记账凭证

粘 贴 面

商业承兑汇票

出票日期贰零壹贰年零贰月零陆日

付款人	全　称	沁园春新材料有限公司			收款人	全　称	东营市包装材料公司		
	账　号	66607010000000××××				账　号	18010033220××××		
	开户银行	东营银行××支行	行号	6109		开户银行	工行东营分行	行号	26125

出票金额	人民币（大写）	千	百	十	万	千	百	拾	元	角	分
	贰万玖仟伍佰伍拾肆元贰角整			¥	2	9	5	5	4	2	0

汇票到期日	2012 年 8 月 6 日	交易合同号码	209999
汇票已经承兑，到期无条件支付票 沁园春新材料有限公司财务专用章　伍世军印 承兑人签章 承兑日期 2012 年 8 月 4 日		本汇票请予以承兑于到期日付款 沁园春新材料有限公司财务专用章　伍世军印 出票人签章	

此联持票人开户行随委托收款凭证寄付款人开户行作借方附件

收　料　单

材料科目：原材料　　　　编号：0019

材料类别：包装材料　　　　收料仓库：2 号仓库

供应单位：东营市包装材料公司　　2012 年 2 月 6 日　　发票号码：12268834—6

材料编号	材料名称	规格	计量单位	数量		实际价格			
				应　收	实　收	单　价	发票金额	运　费	合　计
	包装袋	大	个	6 000	6 000	3.68	22 080		22 080
	包装袋	小	个	6 000	6 000	0.53	3 180		3 180
									25 260
备　注									

采购员 张凡　　检验员 赵康　　记账员　　保管员 张瑞

1-2-5　购买材料

东营市商业零售统一发票

全国统一发票监制章 山东 2012年2月1日 地方税务总局监制

141001040023

客户名称：沁园春新材料有限公司　　№ 00020457

货　号	品名及规格	单　位	数　量	单　价	金额	万	千	百	十	元	角	分
羟乙基纤维素		千克	22	100	超十万元无效		2	2	0	0	0	0
微晶纤维素		千克	22	100			2	2	0	0	0	0
羧甲基淀粉钠		千克	22	100			2	2	0	0	0	0
合计金额	（大写）：零万陆仟陆佰零拾零元零角零分											
付款方式	现　金	开户银行及账　号										

②报销凭证

黄河有限责任公司 386505××× 发票专用章

收款企业（盖章有效）　　收款人：　　开票人：张芳

粘 贴 面

收 料 单

材料科目：原材料　　　　　　　　　　　　　　　　　　编号：0017

材料类别：辅助材料　　　　　　　　　　　　　　　　　收料仓库：2号仓库

供应单位：黄河有限责任公司　　　2012年2月1日　　　　发票号码：00020457

材料编号	材料名称	规格	计量单位	数量		实际价格			
				应收	实收	单价	发票金额	运费	合计
001	羟乙基纤维素		千克	22	22	100	2 200		2 200
002	微晶纤维素		千克	22	22	100	2 200		2 200
003	羧甲基淀粉钠		千克	22	22	100	2 200		2 200
备注									

采购员 张凡　　　检验员 赵康　　　记账员　　　保管员 张瑞

东营市商业零售统一发票

全国统一发票监制章 山东 地方税务总局监制

141001040023

客户名称：沁园春新材料有限公司　　　2012年2月5日　　　№ 00020460

货号	品名及规格	单位	数量	单价	金额							
						万	千	百	十	元	角	分
羟乙基纤维素		千克	12	100	超十万元无效		1	2	0	0	0	0
微晶纤维素		千克	12	100			1	2	0	0	0	0
羧甲基淀粉钠		千克	12	100			1	2	0	0	0	0
合计金额	(大写)：零万叁仟陆佰零拾零元零角零分											
付款方式	现金	开户银行及账号										

②报销凭证

黄河有限责任公司 386505××× 发票专用章

收款企业(盖章有效)　　　收款人：　　　开票人：刘芳

收 料 单

材料科目：原材料　　　　　　　　　　　　　　　　　　编号：0020

材料类别：辅助材料　　　　　　　　　　　　　　　　　收料仓库：2号仓库

供应单位：黄河有限责任公司　　　2012年2月5日　　　　发票号码：00020460

材料编号	材料名称	规格	计量单位	数量		实际价格			
				应收	实收	单价	发票金额	运费	合计
001	羟乙基纤维素		千克	12	12	100	1 200		1 200
002	微晶纤维素		千克	12	12	100	1 200		1 200
003	羧甲基淀粉钠		千克	12	12	100	1 200		1 200
备注									

采购员 张凡　　　检验员 赵康　　　记账员　　　保管员 张瑞

粘 贴 面

1-3 领用材料

1-3-1 阻水膏车间生产领料

沁园春新材料有限公司

领　料　单

材料类别:原材料　　　　　　　　　　　　　　编号:Z20120201

请领单位:阻水膏车间　　　2012年2月2日　　　发料仓库:1

材料编号	材料名称	规　格	单　位	数　量	单　价	金　额
	基础油		吨	2.28		
	合成橡胶		吨	0.097 5		
	甘　油		吨	0.086 25		
	高吸水树脂		吨	0.281 25		
	白炭黑		吨	0.457 5		
	抗氧剂		吨	0.016 875		
	合　计					

保管员:张方　　领料项目部核准:　　发料:　　领料:刘明星

沁园春新材料有限公司

领　料　单

材料类别:原材料　　　　　　　　　　　　　　编号:Z20120202

请领单位:阻水膏车间　　　2012年2月3日　　　发料仓库:1

材料编号	材料名称	规　格	单　位	数　量	单　价	金　额
	基础油		吨	3.04		
	合成橡胶		吨	0.097 5		
	甘　油		吨	0.086 25		
	高吸水树脂		吨	0.281 25		
	白炭黑		吨	0.457 5		
	抗氧剂		吨	0.016 875		
	合　计					

保管员:张方　　领料项目部核准:　　发料:　　领料:刘明星

粘贴面

沁园春新材料有限公司
领　料　单

材料类别:原材料　　　　编号:Z20120203

请领单位:阻水膏车间　　　　2012 年 2 月 4 日　　　　发料仓库:1

材料编号	材料名称	规　格	单　位	数　量	单　价	金　额
	基础油		吨	3.8		
	合成橡胶		吨	0.130		
	甘　油		吨	0.115		
	高吸水树脂		吨	0.375		
	白炭黑		吨	0.61		
	抗氧剂		吨	0.022 5		
	合　计					

保管员:张方　　领料项目部核准:　　发料:　　领料:刘明星

沁园春新材料有限公司
领　料　单

材料类别:原材料　　　　编号:Z20120204

请领单位:阻水膏车间　　　　2012 年 2 月 7 日　　　　发料仓库:1

材料编号	材料名称	规　格	单　位	数　量	单　价	金　额
	基础油		吨	3.8		
	合成橡胶		吨	0.130		
	甘　油		吨	0.115		
	高吸水树脂		吨	0.375		
	白炭黑		吨	0.61		
	抗氧剂		吨	0.022 5		
	合　计					

保管员:张方　　领料项目部核准:　　发料:　　领料:刘明星

沁园春新材料有限公司
领　料　单

材料类别:原材料　　　　编号:Z20120205

请领单位:阻水膏车间　　　　2012 年 2 月 8 日　　　　发料仓库:1

材料编号	材料名称	规　格	单　位	数　量	单　价	金　额
	基础油		吨	1.52		
	合成橡胶		吨	0.065		
	甘　油		吨	0.057 5		
	高吸水树脂		吨	0.187 5		
	白炭黑		吨	0.305		
	抗氧剂		吨	0.011 25		
	合　计					

保管员:张方　　领料项目部核准:　　发料:　　领料:刘明星

粘贴面

沁园春新材料有限公司

领　料　单

材料类别：原材料　　　　　　　　　　　　　　　　　编号：Z20120206

请领单位：阻水膏车间　　　　2012 年 2 月 10 日　　　　发料仓库：1

材料编号	材料名称	规　格	单　位	数　量	单　价	金　额
	基础油		吨	4.56		
	合成橡胶		吨	0.130		
	甘　油		吨	0.115		
	高吸水树脂		吨	0.375		
	白炭黑		吨	0.61		
	抗氧剂		吨	0.022 5		
	合　计					

保管员：张方　　领料项目部核准：　　发料：　　领料：刘明星

沁园春新材料有限公司

领　料　单

材料类别：原材料　　　　　　　　　　　　　　　　　编号：Z20120207

请领单位：阻水膏车间　　　　2012 年 2 月 11 日　　　　发料仓库：1

材料编号	材料名称	规　格	单　位	数　量	单　价	金　额
	基础油		吨	3.04		
	合成橡胶		吨	0.130		
	甘　油		吨	0.115		
	高吸水树脂		吨	0.375		
	白炭黑		吨	0.61		
	抗氧剂		吨	0.022 5		
	合　计					

保管员：张方　　领料项目部核准：　　发料：　　领料：刘明星

沁园春新材料有限公司

领　料　单

材料类别：原材料　　　　　　　　　　　　　　　　　编号：Z20120208

请领单位：阻水膏车间　　　　2012 年 2 月 15 日　　　　发料仓库：1

材料编号	材料名称	规　格	单　位	数　量	单　价	金　额
	基础油		吨	4.56		
	合成橡胶		吨	0.130		
	甘　油		吨	0.115		
	高吸水树脂		吨	0.375		
	白炭黑		吨	0.61		
	抗氧剂		吨	0.022 5		
	合　计					

保管员：张方　　领料项目部核准：　　发料：　　领料：刘明星

粘 贴 面

沁园春新材料有限公司

领 料 单

材料类别:原材料　　　　　　　　　　　　　　　　　　　　　　编号:Z20120209
请领单位:阻水膏车间　　　　　　2012年2月16日　　　　　　　发料仓库:1

材料编号	材料名称	规 格	单 位	数 量	单 价	金 额
	基础油		吨	4.56		
	合成橡胶		吨	0.162 5		
	甘 油		吨	0.143 75		
	高吸水树脂		吨	0.468 75		
	白炭黑		吨	0.762 5		
	抗氧剂		吨	0.028 125		
	合 计					

保管员:张方　　　　领料项目部核准:　　　　发料:　　　　领料:刘明星

沁园春新材料有限公司

领 料 单

材料类别:原材料　　　　　　　　　　　　　　　　　　　　　　编号:Z20120210
请领单位:阻水膏车间　　　　　　2012年2月17日　　　　　　　发料仓库:1

材料编号	材料名称	规 格	单 位	数 量	单 价	金 额
	基础油		吨	1.52		
	合成橡胶		吨	0.065		
	甘 油		吨	0.057 5		
	高吸水树脂		吨	0.187 5		
	白炭黑		吨	0.305		
	抗氧剂		吨	0.011 25		
	合 计					

保管员:张方　　　　领料项目部核准:　　　　发料:　　　　领料:刘明星

沁园春新材料有限公司

领 料 单

材料类别:原材料　　　　　　　　　　　　　　　　　　　　　　编号:Z20120211
请领单位:阻水膏车间　　　　　　2012年2月18日　　　　　　　发料仓库:1

材料编号	材料名称	规 格	单 位	数 量	单 价	金 额
	基础油		吨	4.56		
	合成橡胶		吨	0.162 5		
	甘 油		吨	0.143 75		
	高吸水树脂		吨	0.468 75		
	白炭黑		吨	0.762 5		
	抗氧剂		吨	0.028 125		
	合 计					

保管员:张方　　　　领料项目部核准:　　　　发料:　　　　领料:刘明星

粘 贴 面

沁园春新材料有限公司

领　料　单

材料类别:原材料　　　　编号:Z20120212

请领单位:阻水膏车间　　2012 年 2 月 21 日　　发料仓库:1

材料编号	材料名称	规　格	单　位	数　量	单　价	金　额
	基础油		吨	4.56		
	合成橡胶		吨	0.130		
	甘　油		吨	0.115		
	高吸水树脂		吨	0.375		
	白炭黑		吨	0.61		
	抗氧剂		吨	0.022 5		
	合　计					

保管员:张方　　领料项目部核准:　　发料:　　领料:刘明星

沁园春新材料有限公司

领　料　单

材料类别:原材料　　　　编号:Z20120213

请领单位:阻水膏车间　　2012 年 2 月 22 日　　发料仓库:1

材料编号	材料名称	规　格	单　位	数　量	单　价	金　额
	基础油		吨	3.04		
	合成橡胶		吨	0.130		
	甘　油		吨	0.115		
	高吸水树脂		吨	0.375		
	白炭黑		吨	0.61		
	抗氧剂		吨	0.022 5		
	合　计					

保管员:张方　　领料项目部核准:　　发料:　　领料:刘明星

沁园春新材料有限公司

领　料　单

材料类别:原材料　　　　编号:Z20120214

请领单位:阻水膏车间　　2012 年 2 月 25 日　　发料仓库:1

材料编号	材料名称	规　格	单　位	数　量	单　价	金　额
	基础油		吨	5.32		
	合成橡胶		吨	0.162 5		
	甘　油		吨	0.143 75		
	高吸水树脂		吨	0.468 75		
	白炭黑		吨	0.762 5		
	抗氧剂		吨	0.028 125		
	合　计					

保管员:张方　　领料项目部核准:　　发料:　　领料:刘明星

粘贴面

沁园春新材料有限公司
领　料　单

材料类别：原材料　　　　　　　　　　　　　　　　　　编号：Z20120215
请领单位：阻水膏车间　　　　2012 年 2 月 26 日　　　　发料仓库：1

材料编号	材料名称	规　格	单　位	数　量	单　价	金　额
	基础油		吨	4.56		
	合成橡胶		吨	0.162 5		
	甘　油		吨	0.143 75		
	高吸水树脂		吨	0.468 75		
	白炭黑		吨	0.762 5		
	抗氧剂		吨	0.028 125		
	合　计					

保管员：张方　　　　领料项目部核准：　　　　发料：　　　　领料：刘明星

沁园春新材料有限公司
领　料　单

材料类别：原材料　　　　　　　　　　　　　　　　　　编号：Z20120216
请领单位：阻水膏车间　　　　2012 年 2 月 27 日　　　　发料仓库：1

材料编号	材料名称	规　格	单　位	数　量	单　价	金　额
	基础油		吨	1.52		
	合成橡胶		吨	0.065		
	甘　油		吨	0.057 5		
	高吸水树脂		吨	0.187 5		
	白炭黑		吨	0.305		
	抗氧剂		吨	0.011 25		
	合　计					

保管员：张方　　　　领料项目部核准：　　　　发料：　　　　领料：刘明星

沁园春新材料有限公司
领　料　单

材料类别：原材料　　　　　　　　　　　　　　　　　　编号：Z20120217
请领单位：阻水膏车间　　　　2012 年 2 月 28 日　　　　发料仓库：1

材料编号	材料名称	规　格	单　位	数　量	单　价	金　额
	基础油		吨	5.32		
	合成橡胶		吨	0.065		
	甘　油		吨	0.057 5		
	高吸水树脂		吨	0.187 5		
	白炭黑		吨	0.305		
	抗氧剂		吨	0.011 25		
	合　计					

保管员：张方　　　　领料项目部核准：　　　　发料：　　　　领料：刘明星

粘 贴 面

1-3-2 保水剂车间生产领料

沁园春新材料有限公司
领 料 单

材料类别:原材料　　编号:B20120201

请领单位:保水剂车间　　2012年2月1日　　发料仓库:2

材料编号	材料名称	规　格	单　位	数　量	单　价	金　额
	羟乙基纤维素		千克	1	100	100
	微晶纤维素		千克	1	100	100
	羧甲基淀粉钠		千克	1	100	100
	合　计					300

保管员:张瑞　　领料项目部核准:　　发料:　　领料:王庆峰

(领料按一釜配料比例领取,每次用相同材料相同数量。本月此领料单共33张,其余略)

沁园春新材料有限公司
领 料 单

材料类别:原材料　　编号:B20120202

请领单位:保水剂车间　　2012年2月1日　　发料仓库:2

材料编号	材料名称	规　格	单　位	数　量	单　价	金　额
	丙烯酸		吨	1		
	N,N'-亚甲基双丙烯酰胺		千克	8		
	过硫酸铵		千克	12		
	AM水剂		吨	1.5		
	离子膜烧碱		吨	1.500 43		
	白油分散剂		千克	480		
	N-羟甲基		吨	1.01		
	N-羟基		吨	1.08		
	合　计					

保管员:张瑞　　领料项目部核准:　　发料:　　领料:王庆峰

(领料按一釜配料比例领取,每次用相同材料相同数量。本月此领料单共33张,其余略)

粘 贴 面

沁园春新材料有限公司
领　料　单

材料类别：包装材料　　　　　　　　　　　　　　编号：B20120203

请领单位：保水剂车间　　　　2012 年 2 月 1 日　　　　发料仓库：2

材料编号	材料名称	规　格	单　位	数　量	单　价	金　额
	包装袋	大	个	3 000	3.68	11 040
	包装袋	小	个	3 000	0.53	1 590
	合　计					12 630

保管员：张瑞　　　领料项目部核准：　　　发料：　　　领料：王庆峰

1-3-3　期末盘点材料

沁园春新材料有限公司
原材料、燃料明细表

盘点时间：2012-2-28　　　　盘点人：王芳　　　　使用单位：动力车间

名　称	期初库存	本期入库	期末库存	出　库		
	数　量	数　量	数　量	数　量	加权单价	金　额
水煤浆/吨	483.21	135.71	447.21	171.71	813.72	139 723.86
柴油/升	4 622.15	0	915.73	3 706.42	7.4	27 427.51
燃料合计						167 151.37

（由于一些液体经常领用时计量不方便，故期末盘点倒挤本期消耗数量，加权单价要求学生自己会做。单价保留到分）

发 料 汇 总 表

年　　月　　日至　　日

材料名称	生产成本——阻水膏 1 步	生产成本——阻水膏 2 步	生产成本——保水剂	制造费用	辅助生产成本	管理费用	合　计
合　计							

制表：

粘 贴 面

存货盘点报告表

2012-2-28

部门	材料	实存数量	账存数量	单价	盘盈金额	盘亏金额	备　注
保水剂	分散剂	9.27	9.26	12 164.30	121.64		计量误差冲减管理费用
	过硫酸铵	0.096	0.104	4 700.86		37.61	工人王庆峰浪费由其赔偿
阻水膏	基础油	3.43	3.44	8 423.28		84.23	管理不善计入管理费用
	白炭黑	0.522	0.544	7 008.55		154.19	工人刘明星操作不当由其赔偿

盘点人 王芳　　　　保管人 张瑞　张方

2. 职工薪酬业务

2-1 工资结算单、工资结算汇总表、工资费用分配表、社会保险公积金计提表

说明：该企业采用每月 21.75 天按基础工资扣除缺勤工资计算应付月工资。加班费每天 100 元。该企业负担：养老保险 18%，医疗保险 9%，失业保险 2%，工伤保险 1%，生育保险 1%，共计 31%；公积金 12%。个人负担：养老保险 8%，医疗保险 2%，失业保险 1%，共计 11%；公积金 7%。保险和公积金按不同基数提取。该企业临时工没扣保险和公积金。该企业职工工资分两块，年底再发奖金和津贴等。该企业车间管理人员少，其应付职工薪酬金额不大，都计入生产成本账户。

沁园春新材料有限公司工资结算单

编制单位：保水剂车间　　　　2012 年 2 月

姓　名	基础工资	加班费	合计	扣事病假	其他扣款	应付工资	应扣保险	应扣公积金	实发工资
王庆峰	1 500	100	1 600	10.35	0	1 589.65	220	140	1 229.65
董洪凯	1 500	300	1 800	68.97	0	1 731.03	220	140	1 371.03
孙长胜	1 500	200	1 700	0	0	1 700	220	140	1 340
刘　云	1 500	100	1 600	0	0	1 600	220	140	1 240
孙廷岭	1 800	300	2 100	0	0	2 100	242	168	1 690
合　计	26 662.32	1 000	27 662.32	79.32	0	27 583	2 211	1 151.5	24 220.5

主管领导　　　　审核

注：保水剂工人扣保险的基数分别是 2 000、2 200、2 500 元不等，住房公积金基数分别是 2 000、2 400 元不等，计算过程略去。

粘贴面

考勤统计表

部门:保水剂车间　　2012年2月　　单位:天

姓　名	出　勤				缺　勤		备　注
	出勤	加班	中班	夜班	病假	事假	
王庆峰	20	1			1		按基础工资85%发病假工资
董洪凯	20	3				1	
孙长胜	21	2					
刘　云	21	1					
孙廷岭	21	3					
合　计		10	0	0	1	1	

沁园春新材料有限公司工资结算汇总表

2012年2月

姓　名	基础工资	加班费	合计	扣事病假	其他扣款	应付工资	应扣保险	应扣公积金	实发工资
保水剂	26 662.32				0	27 583	2 211	1 151.5	24 220.5
阻水膏	18 428.68	900	19 328.68	200.68	108	19 020	1 166	630	17 224
机　修	12 200	300	12 500	0	0	12 500	1 326.6	690.9	10 482.5
动　力	9 196	200	9 396	0	0	9 396	884.4	460.6	8 051
销售中心	13 200	0	13 200	0	0	13 200	4 576	2 548	6 076
管理部门	33 300	0	33 300	0	0	33 300	3 850	2 051	27 399
合　计	112 987				108	114 999	14 014	7 532	93 453

社会保险及公积金计提表(企业负担部分)

2012年2月

部　门	保险基数	养老保险18%	医疗保险9%	失业保险2%	工伤保险1%	生育保险1%	保险合计	公积金基数	公积金12%	合计
管理部门	35 000							29 300		
任国欣	5 000	900	450	100	50	50	1 550	4 200	504	
刘雪梅	4 000							3 400		
阻水膏	10 600							9 000		
翟乃华	3 820							3 000		
保水剂	20 100							16 450		
王庆峰	2 195							2 400		
机　修	12 060							9 870		
动　力	8 040							6 580		
销售中心	41 600							36 400		
合　计										

注:其余个人明细省略。

粘 贴 面

东营银行 转账支票存根 XⅥ0286440
附加信息
出票日期 2012年2月6日
收款人 沁园春新材料有限公司
金 额 ￥84 746.00
用 途 发工资
单位主管 会计 王芳

东营银行 转账支票存根 XⅥ0286441
附加信息
出票日期 2012年2月6日
收款人 保险公司
金 额 ￥53 508.00
用 途 社会保险费
单位主管 会计 王芳

中国人民保险公司收据

2012年2月6日 №　123456

交款单位 沁园春新材料有限公司	收款方式 转账
人民币(大写)伍万叁仟伍佰零捌元	￥53 508.00
收款事由 社会保险(明细见附表)	
收款单位盖章	收款人 王国英

中国人民保险公司东营分公司

东营市公积金汇缴书

2012年2月6日 附清单1张(略)

单位名称		沁园春新材料有限公司				汇缴2012年2月份	
公积金账号		1221-5674××××				补缴	人数
汇缴金额(大写)		贰万零肆佰肆拾肆元整				￥20 444.00	
上月汇缴		本月增加汇缴		本月减少汇缴		本月汇缴	
人数	金额	人数	金额	人数	金额	人数	金额
银行盖章							

农业银行 东营分行 2012.02.06 转讫

2-2 支付职工培训费

职工技术培训教师讲课酬金发放表

2012年2月15日

姓 名	技术职称	课 时	单 价	讲课酬金	领款人签字	备 注
王 刚	高级工程师	10	100	1 000	王刚	
李 敏	副教授	20	100	2 000	李敏	
余佑彬	工程师	25	80	2 000	余佑彬	
合计(大写)	伍仟元整			￥5 000.00		
领导审批	伍世军			会计主管	刘梅	

现金付讫

复核 出纳 谢玉香 制表 王敏

粘 贴 面

东营银行
现金支票存根
XⅥ0286449

附加信息

出票日期　2012 年 2 月 3 日

收款人	沁园春新材料有限公司
金　额	￥5 000.00
用　途	支付讲课费

单位主管　　会计　王芳

2-3 支付职工困难补助

职工生活困难补助发放汇总表

2012 年 2 月 6 日

部　门	姓　名	附件张数	补助金额	领款人签章
动力车间	王成文	1	1 800	王成文
阻水膏车间	刘明星	1	2 000	刘明星
保水剂车间	王庆峰	1	2 500	王庆峰
合计人民币(大写)			6 300	

职工生活困难补助申请表

2012 年 2 月 2 日

部　门	动力车间	姓名	王成文	性别	男	工龄	20 年
申请金额	1 800 元						
申请理由	家在菏泽，经济收入很低，孩子上大学一直借钱，妻子住院治疗、医药费开支大，家庭生活特别困难						
本部门意　见	同意补助　谢军		单位领导核批	金额　壹仟捌佰元　伍世军印			

职工生活困难补助申请表

2012 年 2 月 2 日

部　门	阻水膏车间	姓名	刘明星	性别	男	工龄	25 年
申请金额	2 000						
申请理由	家在菏泽，经济收入很低，孩子上大学一直借钱，妻子下岗，父亲住院治疗、医药费开支大，家庭生活特别困难						
本部门意　见	同意补助　李军		单位领导核批	金额　贰仟元　伍世军印			

粘 贴 面

职工生活困难补助申请表

2012 年 2 月 2 日

部　门	保水剂车间	姓名	王庆峰	性别	男	工龄	10 年
申请金额	2 500						
申请理由	妻子种地，经济收入很低，今年遭冰雹，无收成，四胞胎孩子上学，父亲住院治疗、医药费开支大，家庭生活特别困难						
本部门意　见	同意补助　韩成	单位领导核批	金额　贰仟伍佰元　伍世军印				

东营银行

现金支票存根

XⅥ0286450

附加信息

出票日期　2012 年 2 月 6 日

收款人	沁园春新材料有限公司
金　额	￥6 300.00
用　途	职工生活困难补助

单位主管　　会计　王芳

2-4 期末报销食堂伙食费

沁园春新材料有限公司商品验收

NO. 07098723

收货单位　食堂　　　　2012 年 2 月 1 日

品　名	数　量	单　位	单　价	金　额	备　注
豆角	10	斤	6.5	65	
白菜	20	斤	1	20	
蒜苗	10	斤	7	70	
鸡蛋	20	斤	4.5	90	
肉	10	斤	10	100	
排骨	15	斤	15	225	
面	20	袋	50	1 000	
油	10	桶	80	800	
米	10	袋	120	1 200	
合计大写	叁仟伍佰柒拾元整				

验收　张晓铃　　　　厨师长　李继忠

粘贴面

鑫鑫农产品销售商店

NO. 07098733

购货单位　沁园春新材料有限公司　　　　2012 年 2 月 1 日

品　名	数　量	单　位	单　价	金　额	备　注
豆角	10	斤	6.5	65	
白菜	20	斤	1	20	
蒜苗	10	斤	7	70	
鸡蛋	20	斤	4.5	90	
肉	10	斤	10	100	
排骨	15	斤	15	225	
面	20	袋	50	1 000	
油	10	桶	80	800	
米	10	袋	120	1 200	
合计大写	叁仟伍佰柒拾元整				

（印章：鑫鑫农产品销售商店 111435×××× 发票专用章）

地址：××小区农贸市场西侧 B312　　电话 8320×××

沁园春新材料有限公司商品验收

NO. 07098724

收货单位　食堂　　　　2012 年 2 月 6 日

品　名	数　量	单　位	单　价	金　额	备　注
豆角	10	斤	6.5	65	
白菜	20	斤	1	20	
蒜苗	10	斤	7	70	
鱼	20	斤	4.5	90	
肉	10	斤	10	100	
排骨	15	斤	15	225	
合计大写	伍佰柒拾元整				

验收　张晓铃　　　　厨师长　李继忠

粘贴面

鑫鑫农产品销售商店

NO. 07098737

购货单位　沁园春新材料有限公司　　　　2012 年 2 月 6 日

品　名	数　量	单　位	单　价	金　额	备　注
豆角	10	斤	6.5	65	
白菜	20	斤	1	20	
蒜苗	10	斤	7	70	
鱼	20	斤	4.5	90	
肉	10	斤	10	100	
排骨	15	斤	15	225	
合计大写	伍佰柒拾元整				

鑫鑫农产品销售商店 111435×××× 发票专用章

地址：××小区农贸市场西侧 B312　　电话 8320×××

沁园春新材料有限公司商品验收

NO. 07098725

收货单位　食堂　　　　2012 年 2 月 12 日

品　名	数　量	单　位	单　价	金　额	备　注
豆角	10	斤	6.5	65	
白菜	20	斤	1	20	
鸡	11	斤	7.5	82.5	
鸡蛋	20	斤	4.5	90	
肉	10	斤	12.5	125	
排骨	15	斤	15	225	
西红柿	10	斤	2.5	25	
鱼	20	斤	5	100	
土豆	100	斤	2	200	
蒜苗	10	斤	7.5	75	
合计大写	壹仟零柒元伍角整				

验收　张晓铃　　　　厨师长　李继忠

粘贴面

鑫鑫农产品销售商店

NO. 07098743

购货单位　沁园春新材料有限公司　　2012 年 2 月 12 日

品 名	数 量	单 位	单 价	金 额	备 注
豆角	10	斤	6.5	65	
白菜	20	斤	1	20	
鸡	11	斤	7.5	82.5	
鸡蛋	20	斤	4.5	90	
肉	10	斤	12.5	125	
排骨	15	斤	15	225	
西红柿	10	斤	2.5	25	
鱼	20	斤	5	100	
土豆	100	斤	2	200	
蒜苗	10	斤	7.5	75	
合计大写	壹仟零柒元伍角整				

鑫鑫农产品销售商店 111435×××× 发票专用章

地址:××小区农贸市场西侧 B312　　电话 8320×××

沁园春新材料有限公司商品验收

NO. 07098726

收货单位　食堂　　2012 年 2 月 17 日

品 名	数 量	单 位	单 价	金 额	备 注
辣椒	10	斤	6.5	65	
白菜	20	斤	1	20	
椿芽	10	斤	7	70	
鸡蛋	20	斤	4.5	90	
肉	10	斤	12.5	125	
排骨	15	斤	15	225	
西红柿	10	斤	2.5	25	
鱼	20	斤	5	100	
土豆	100	斤	2	200	
蒜苗	10	斤	7.5	75	
合计大写	玖佰玖拾伍元整				

验收 张晓铃　　厨师长　李继忠

粘贴面

鑫鑫农产品销售商店

NO. 07098753

购货单位　沁园春新材料有限公司　　2012年2月17日

品　名	数　量	单　位	单　价	金　额	备　注
辣椒	10	斤	6.5	65	
白菜	20	斤	1	20	
椿芽	10	斤	7	70	
鸡蛋	20	斤	4.5	90	
肉	10	斤	12.5	125	
排骨	15	斤	15	225	
西红柿	10	斤	2.5	25	
鱼	20	斤	5	100	
土豆	100	斤	2	200	
蒜苗	10	斤	7.5	75	
合计大写	玖佰玖拾伍元整				

鑫鑫农产品销售商店 111435×××× 发票专用章

地址：××小区农贸市场西侧 B312　　电话 8320×××

沁园春新材料有限公司商品验收

NO. 07098727

收货单位　食堂　　2012年2月24日

品　名	数　量	单　位	单　价	金　额	备　注
豆角	10	斤	6.5	65	
土豆	20	斤	1	20	
蒜苗	10	斤	7	70	
鸡蛋	20	斤	4.5	90	
肉	10	斤	10	100	
面	10	袋	50	500	
排骨	15	斤	15	225	
合计大写	壹仟零柒拾元整				

验收　张晓铃　　厨师长　李继忠

粘 贴 面

鑫鑫农产品销售商店　　NO. 07098563

购货单位　沁园春新材料有限公司　　2012 年 2 月 24 日

品　名	数　量	单　位	单　价	金　额	备　注
豆角	10	斤	6.5	65	
土豆	20	斤	1	20	
蒜苗	10	斤	7	70	
鸡蛋	20	斤	4.5	90	
肉	10	斤	10	100	
面	10	袋	50	500	
排骨	15	斤	15	225	
合计大写	壹仟零柒拾元整				

（印章：鑫鑫农产品销售商店 111435×××× 发票专用章）

地址：××小区农贸市场西侧 B312　　电话 8320×××

东营银行

转账支票存根

XⅥ0286442

附加信息

出票日期　2012 年 2 月 28 日

收款人	鑫鑫农产品销售商店
金　额	¥7 212.5
用　途	支付餐费

单位主管　　会计　王芳

粘贴面

3. 其他费用业务

3-1 支付并分配水费

山东增值税专用发票

（全国统一发票监制章 山东 国家税务总局监制）抵扣联

3700113140　　　　　　№12268821

开票日期：2012年2月28日

购货单位		密码区
名称：沁园春新材料有限公司 纳税人识别号：37050266900×××× 地址、电话：东营黄河路××号 0546—8029××× 开户行及账号：东营银行××支行 66607010000000××××		（略）

货物或应税劳务名称	规格型号	单位	数量	单价	金额	税率	税额
水		立方米	2 568	1.698 113	4 360.75	6%	261.65
价税合计（大写）	⊗肆仟陆佰贰拾贰元肆角整						¥4 622.40

销货单位	备注
名称：东营市自来水公司 纳税人识别号：36084100111×××× 地址、电话：东营市南一路××号 0546—8745××× 开户行及账号：工行东营分行 18010011220××××	东营市自来水公司 本票支付 36084100111×××× 发票专用章

收款人 王方　　复核　　开票人 王英　　销货单位（章）

国税函[2011]102号　西安印钞有限公司

第二联：抵扣联　购货方扣税凭证

山东增值税专用发票

（全国统一发票监制章 山东 国家税务总局监制）发票联

3700113140　　　　　　№12268821

开票日期：2012年2月28日

购货单位		密码区
名称：沁园春新材料有限公司 纳税人识别号：37050266900×××× 地址、电话：东营黄河路××号 0546—8029××× 开户行及账号：东营银行××支行 66607010000000××××		（略）

货物或应税劳务名称	规格型号	单位	数量	单价	金额	税率	税额
水		立方米	2 568	1.698 113	4 360.75	6%	261.65
价税合计（大写）	⊗肆仟陆佰贰拾贰元肆角整						¥4 622.40

销货单位	备注
名称：东营市自来水公司 纳税人识别号：36084100111×××× 地址、电话：东营市南一路××号 0546—8745××× 开户行及账号：工行东营分行 18010011220××××	东营市自来水公司 本票支付 36084100111×××× 发票专用章

收款人 王方　　复核　　开票人 王英　　销货单位（章）

国税函[2011]102号　西安印钞有限公司

第三联：发票联　购货方记账凭证

粘贴面

东营市自来水公司供水专用发票

全国统一发票监制章 山东 国家税务总局监制

密码　　　　　　　　　　　　　　　　发票代码 137051164043

开票日期 2012 年 2 月 28 日　　　　　　发票号码 00046461

用户名称:沁园春新材料有限公司				总户号 3030433	
用户地址:东营黄河路××号				用水月份:2012-2	
上月抄表数 41 924		本月抄表数 44 492		实用水量 2 568	
收费项目	基本水价	水资源费	公用附加费	污水处理费	合计
工业生产	1.80	0.40	0.15	1.00	3.35
金额	4 622.40	1 027.20	385.20	2 568.00	
上次结余 0	应收金额 8 602.80	本次结余 0			
			付款方式 支票		
实收金额 捌仟陆佰零贰元捌角整			小写 ￥8 602.80		

东营市自来水公司 36084100111×××× 发票专用章

本发票 2012 年年底开出有效,开具金额超过十万无效。

东营银行

转账支票存根

XⅥ0286443

附加信息

出票日期　2012 年 2 月 28 日

收款人	东营市自来水公司
金　额	￥8 602.80
用　途	水费

单位主管　　会计　王芳

水费分配表

2012 年 2 月

部　门	数量/方	分配率	金　额
保水剂车间	791.01		
阻水膏车间	155		
机修车间	1		
动力车间	56		
销售中心	0		
管理部门	1 564.99		
合　计	2 568		8 341.15

注:各部门分配数量为定额数,管理部门的定额为用水量的余额。分配率保留 2 位小数,管理部门分配金额倒挤计算。

粘贴面

3-2 支付并分配电费

山东增值税专用发票

（全国统一发票监制章 山东 抵扣联 国家税务总局监制）

3700113140

№12268890

开票日期：2012年2月28日

购货单位	名　　称：沁园春新材料有限公司 纳税人识别号：37050266900×××× 地　址、电　话：东营黄河路××号 0546—8029××× 开户行及账号：东营银行××支行　66607010000000××××				密码区	（略）		
货物或应税劳务名称	规格型号	单　位	数　量	单　价	金　额	税　率	税　额	
电		度	86 254.93	0.614	52 960.53	17%	9 003.29	
价税合计（大写）	⊗陆万壹仟玖佰陆拾叁元捌角贰分					¥61 963.82		
销货单位	名　　称：东营市供电公司 纳税人识别号：36084100111×××× 地　址、电　话：东营市南一路××号 0546－8045××× 开户行及账号：工行东营分行 18010011220××××				备注	（东营市供电公司 本票支付 36084100111×××× 发票专用章）		

收款人 王军　　复核　　开票人 王英　　销货单位（章）

国税函[2011]102号　西安印钞有限公司

第二联：抵扣联　购货方扣税凭证

山东增值税专用发票

（全国统一发票监制章 山东 发票联 国家税务总局监制）

3700113140

№12268890

开票日期：2012年2月28日

购货单位	名　　称：沁园春新材料有限公司 纳税人识别号：37050266900×××× 地　址、电　话：东营黄河路××号 0546—8029××× 开户行及账号：东营银行××支行　66607010000000××××				密码区	（略）		
货物或应税劳务名称	规格型号	单　位	数　量	单　价	金　额	税　率	税　额	
电		度	86 254.93	0.614	52 960.53	17%	9 003.29	
价税合计（大写）	⊗陆万壹仟玖佰陆拾叁元捌角贰分					¥61 963.82		
销货单位	名　　称：东营市供电公司 纳税人识别号：36084100111×××× 地　址、电　话：东营市南一路××号 0546－8045××× 开户行及账号：工行东营分行 18010011220××××				备注	（东营市供电公司 本票支付 36084100111×××× 发票专用章）		

收款人 王军　　复核　　开票人 王英　　销货单位（章）

国税函[2011]102号　西安印钞有限公司

第三联：发票联　购货方记账凭证

粘贴面

东营市供电公司电费专用收据

NO 00461464

客户编号 05468090722　　收　据　联　　计费年月　2012 年 2 月

客户名称	沁园春新材料有限公司			开户银行	东营银行××支行
客户地址	东营黄河路××号			银行账号	
项目名称	计量单位	数量	单价	金额	上次余额 0 本次应收 61 963.82
一般工商业力率电费	kW·h	86 254.93		61 963.82	
合计(大写)	陆万壹仟玖佰陆拾叁元捌角贰分				￥61 963.82

东营市供电公司 36084100111××× 发票专用章

电费分配表

2012 年 2 月

全国统一发票监制章 鲁东营市 地方税务总局监制

部　门	数量/度	分配率	金　额
保水剂车间	12 048.3		
阻水膏车间	17 050		
机修车间	3 000		
动力车间	23 760		
销售中心	600		
管理部门	29 796.63		
合　计	86 254.93		52 960.53

注：各部门分配数量为定额数，管理部门的定额为用电量的余额。分配率保留 3 位小数，最后管理部门分配金额倒挤计算。

东营银行
转账支票存根
XⅥ0286444

附加信息

出票日期　2012 年 2 月 28 日

收款人	东营市供电公司
金　额	￥61 963.82
用　途	电费

单位主管　　会计　王芳

粘贴面

3-3 购买并领用低值易耗品

东营市商业零售统一发票

141001040023

No 00020437

客户名称：沁园春新材料有限公司

2012 年 2 月 1 日

货　号	品名及规格	单　位	数　量	单　价	金　额	万	千	百	十	元	角	分
防锈漆		千克	22	34	超十万元无效			7	4	8	0	0
铁　锹		把	12	10				1	2	0	0	0
石棉垫		个	22	20				4	4	0	0	0
排污阀		个	5	30				1	5	0	0	0
合计金额	(大写)：零 万 壹 仟 肆 佰 伍 拾 捌 元 零 角 零 分											
付款方式	现　金	开户银行及账　号										

收款企业(盖章有效)　　收款人：王强　　开票人：张芳

② 报销凭证

全国统一发票监制章 东营市 地方税务总局监制

黄河有限责任公司 386505××× 发票专用章

低值易耗品分配表

2012 年 2 月 1 日

部　门	名　称	金　额	领用人
阻水膏车间	防锈漆、石棉垫、铁锹	640	刘广营
保水剂车间	防锈漆、排污阀、铁锹	260	刘云
动力车间	排污阀、铁锹	150	王成文
机修车间	防锈漆	408	李明
合　计		1 458	

3-4 购买并领用办公用品

东营市商业零售统一发票

141001040023

No 00020440

客户名称：沁园春新材料有限公司

2012 年 2 月 2 日

货　号	品名及规格	单　位	数　量	单　价	金　额	万	千	百	十	元	角	分
打印纸		包	50	5	超十万元无效			2	5	0	0	0
稿　纸		本	110	2				2	2	0	0	0
签字笔		支	50	2.4				1	2	0	0	0
订书针		盒	50	2				1	0	0	0	0
合计金额	(大写)：零 万 零 仟 陆 佰 玖 拾 零 元 零 角 零 分											
付款方式	现　金	开户银行及账　号										

收款企业(盖章有效)　　收款人：王强　　开票人：张芳

② 报销凭证

全国统一发票监制章 东营市 地方税务总局监制

黄河有限责任公司 386505××× 发票专用章

粘 贴 面

办公用品分配表

2012年2月2日

部门	名称	金额	领用人
阻水膏车间	打印纸、签字笔	40	刘广营
保水剂车间	打印纸、签字笔	80	刘云
综合办公室	打印纸、签字笔、订书针	150	李丽
营销中心	打印纸、签字笔、稿纸	160	王广武
财务办公室	打印纸、签字笔、订书针	260	谢玉香
合计		690	

3-5 机修车间购买配件（现买现用）

东营市商业零售统一发票

141001050021

客户名称：沁园春新材料有限公司　　2012年2月3日　　№ 00030312

（全国统一发票监制章 鲁东营市 地方税务总局监制）

货号	品名及规格	单位	数量	单价	金额	万	千	百	十	元	角	分
不锈钢螺帽		件	2	200	超十万元无效			4	0	0	0	0
轴承		件	2	105				2	1	0	0	0
孔板		件	1	80					8	0	0	0
鼓形垫		个	5	[illegible]				1	5	0	0	0
合计金额	(大写)：零万零仟捌佰肆拾零元零角零分							8	4	0	0	0
付款方式	现金	开户银行及账号										

②报销凭证

（东营市金州五金有限公司 36084100111××××发票专用章）

收款企业（盖章有效）　　收款人：王军　　开票人：张芳

劳务供应通知单

时间	部门	所耗工时	所耗配件金额	服务对象	服务对象签字
2012.2.3	机修车间	10小时	840	保水剂车间	王庆峰

东营市商业零售统一发票

141001050021

客户名称：沁园春新材料有限公司　　2012年2月5日　　№ 00030319

（全国统一发票监制章 鲁东营市 地方税务总局监制）

货号	品名及规格	单位	数量	单价	金额	万	千	百	十	元	角	分
不锈钢螺栓		件	4	100	超十万元无效			4	0	0	0	0
轴承环		件	2	105				2	1	0	0	0
开关		件	1	80					8	0	0	0
过滤网		个	5	[illegible]0.1				1	5	0	5	0
合计金额	(大写)：零万零仟捌佰肆拾零元伍角零分							8	4	0	5	0
付款方式	现金	开户银行及账号										

②报销凭证

（东营市金州五金有限公司 36084100111××××发票专用章）

收款企业（盖章有效）　　收款人：王军　　开票人：张芳

粘 贴 面

劳务供应通知单

时间	部门	所耗工时	所耗配件金额	服务对象	服务对象签字
2012.2.5	机修车间	12小时	840.5	阻水膏车间	刘明星

东营市商业零售统一发票

141001050021

客户名称：沁园春新材料有限公司　　2012年2月10日　　№ 00030429

（全国统一发票监制章 山东东营市 地方税务总局监制）

货号	品名及规格	单位	数量	单价	金额	万	千	百	十	元	角	分
开关		件	3	20.5	超十万元无效				6	1	5	0
油嘴		件	2	105				2	1	0	0	0
油枪杆		件	1	120				1	2	0	0	0
电动球阀		个	1	460				4	6	0	0	0
合计金额	（大写）：零万零仟捌佰伍拾壹元伍角零分							8	5	1	5	0
付款方式	现金	开户银行及账号										

②报销凭证

（东营市金州五金有限公司 36084100111×××× 发票专用章）

收款企业（盖章有效）　　收款人：王军　　开票人：张芳

劳务供应通知单

时间	部门	所耗工时	所耗配件金额	服务对象	服务对象签字
2012.2.10	机修车间	12小时	851.50	动力车间	王成文

山东增值税专用发票

3700113140　　№12267736

抵　扣　联　　开票日期：2012年2月16日

购货单位		密码区	（略）				
购货单位	名称：沁园春新材料有限公司 纳税人识别号：37050266900×××× 地址、电话：东营黄河路××号 0546—8029××× 开户行及账号：东营银行××支行 66607010000000××××	密码区	（略）				
货物或应税劳务名称	规格型号	单位	数量	单价	金额	税率	税额
配件		批	1		2 080	17%	353.6
价税合计（大写）	⊗贰仟肆佰叁拾叁元陆角整						￥2 433.60
销货单位	名称：东营市五洲商贸有限公司 纳税人识别号：36084100333×××× 地址、电话：东营市辽河路××号 0546－8766××× 开户行及账号：工行东营分行 18015533220××××	备注	（东营市五洲商贸有限公司 本票支付 36084100333×××× 发票专用章）				

收款人 张强　　复核　　开票人 王华　　销货单位（章）

国税函[2011]102号　西安印钞有限公司

第二联：抵扣联　购货方扣税凭证

粘 贴 面

山东增值税专用发票

3700113140　　　　　　　　　　　　№12267736

发　票　联　　　　　　　　开票日期:2012年2月16日

购货单位	名　称:沁园春新材料有限公司 纳税人识别号:37050266900×××× 地　址、电　话:东营黄河路××号 0546—8029××× 开户行及账号:东营银行××支行 66607010000000××××	密码区	(略)				
货物或应税劳务名称	规格型号	单　位	数　量	单　价	金　额	税　率	税　额
配件		批	1		2 080	17%	353.6
价税合计(大写)	⊗贰仟肆佰叁拾叁元陆角整						¥2 433.60
销货单位	名　称:东营市五洲商贸有限公司 纳税人识别号:36084100333×××× 地　址、电　话:东营市辽河路××号 0546－8766××× 开户行及账号:工行东营分行 18015533220××××	备注	东营市五洲商贸有限公司 本票支付 36084100333×××× 发票专用章				

收款人 张强　　　　复核　　　　开票人 王华　　　　销货单位(章)

国税函[2011]102号　西安印钞有限公司

第三联:发票联　购货方记账凭证

东营市商业零售统一发票

141001050021

客户名称:沁园春新材料有限公司　　　　全国统一发票监制章 鲁东营市 地方税务总局监制　2012年2月16日　　　　№　00030439

货　号	品名及规格	单　位	数　量	单　价		金额 万	千	百	十	元	角	分
不锈钢螺帽		件	8	200	超十万元无效		1	6	0	0	0	0
轴　承		件	2	105				2	1	0	0	0
联轴器		件	1	120				1	2	0	0	0
鼓形垫		个	5	30				1	5	0	0	0
合计金额	(大写):零万贰仟零佰捌拾零元零角零分						2	0	8	0	0	0
付款方式	现　金	开户银行及账　　号										

东营市金州五金有限公司　36084100111××××　发票专用章

收款企业(盖章有效)　　　　收款人:王军　　　　开票人:张芳

②报销凭证

劳务供应通知单

时　间	部　门	所耗工时	所耗配件金额	服务对象	服务对象签字
2012.2.16	机修车间	8.5小时	2 080	保水剂车间	王庆峰

粘贴面

东营市商业零售统一发票

141001050021

№ 00030432

客户名称:沁园春新材料有限公司　　2012年2月12日

货号	品名及规格	单位	数量	单价	金额							
						万	千	百	十	元	角	分
不锈钢螺栓		件	4	100	超十万元无效			4	0	0	0	0
轴承环		件	2	105				2	1	0	0	0
开关		件	1	80					8	0	0	0
过滤网		个	5	30.1				1	5	0	5	0
合计金额	(大写):零万零仟捌佰肆拾零元伍角零分							8	4	0	5	0
付款方式	现金	开户银行及账号										

收款企业(盖章有效)　　收款人:王军　　开票人:张芳

全国统一发票监制章 鲁东营市 地方税务总局监制

东营市金州五金有限公司 36084100111×××× 发票专用章

②报销凭证

劳务供应通知单

时间	部门	所耗工时	所耗配件金额	服务对象	服务对象签字
2012.2.12	机修车间	12小时	840.5	阻水膏车间	刘明星

东营市商业零售统一发票

141001050021

№ 00030449

客户名称:沁园春新材料有限公司　　2012年2月19日

货号	品名及规格	单位	数量	单价	金额							
						万	千	百	十	元	角	分
不锈钢螺栓		件	4	100	超十万元无效			4	0	0	0	0
轴承环		件	2	105				2	1	0	0	0
机封		件	1	80					8	0	0	0
过滤网		个	5	30.3				1	5	1	5	0
合计金额	(大写):零万零仟捌佰肆拾壹元伍角零分							8	4	1	5	0
付款方式	现金	开户银行及账号										

收款企业(盖章有效)　　收款人:王军　　开票人:张芳

全国统一发票监制章 鲁东营市 地方税务总局监制

东营市金州五金有限公司 36084100111×××× 发票专用章

②报销凭证

劳务供应通知单

时间	部门	所耗工时	所耗配件金额	服务对象	服务对象签字
2012.2.19	机修车间	7.5小时	841.5	阻水膏车间	刘明星

粘 贴 面

3-6 支付广告费

广告业统一发票

发票联

全国统一发票监制章 东营市 2012年2月1日 地方税务总局监制

客户名称：沁园春新材料有限公司　　　　No 20120203

项目	单位	数量	单价	金额								
				百	十	万	千	百	十	元	角	分
保水剂广告					1	2	0	0	0	0	0	0
合计人民币（大写）壹拾贰万元整				￥120 000.00								

开户银行	东营银行××支行	备注	从2012.2至2013.1在农业频道播出
账号	66607010000000××××		

山东电视台 36084100111×××× 发票专用章

开票人 王春梅　　　　收款人 王军

东营银行
转账支票存根
XⅥ0286445

附加信息

出票日期　2012年2月1日

收款人	山东电视台
金　额	￥120 000.00
用　途	广告费

单位主管　　会计　王芳

3-7 支付法律咨询费

东营市服务业、娱乐业、文化体育业通用发票

发票联

全国统一发票监制章 东营市 2012年2月3日 地方税务总局监制

客户名称：沁园春新材料有限公司　　　　No 20120203

项目	单位	数量	单价	金额								
				百	十	万	千	百	十	元	角	分
法律咨询费						2	0	0	0	0	0	0
合计人民币（大写）贰万元整				￥20 000.00								

开户银行	东营银行××支行	备注	
账号	66607010000000××××		

鲁北律师事务所 36084100111×××× 发票专用章

开票人 王方　　　　收款人 王红军

粘贴面

东营银行

转账支票存根

XⅥ0286446

附加信息

出票日期　2012 年 2 月 3 日

收款人	鲁北律师事务所
金　额	¥20 000.00
用　途	法律咨询费

单位主管　　会计　王芳

3-8 办公室张玉容报销差旅费

差旅费报销单

2012 年 2 月 10 日

姓名	张玉容			出差理由				开会			
项目	单据张数	金额	出差地区	启程		归程		天数	补助标准	补助金额	
				月	日	月	日				
火车票	2	170	南京	2	5	2	9	5	30	150	
汽车票	4	42									
住宿费	1	690									
餐　费	5	253									
会议费	1	1 000									
小　计		2 155								150	
总　计	(大写)贰仟叁佰零伍元整										

K056729　　东营　售

东营　　5012 次　　南京

2012 年 2 月 5 日 08:00 开　　16 车 04 号

¥85.00 元 ⟹ 软座特快

限乘当日当次车

在 3 日内到有效

K056729　　南京　售

南京　　5013 次　　东营

2012 年 2 月 8 日 18:00 开　　11 车 04 号

¥85.00 元 ⟹ 软座特快

限乘当日当次车

在 3 日内到有效

南京市客运出租车专用发票

发票代码　23080870　　监督电话：市物价局　12358

发票号码　13730651　　市运管处　83214×××

车号　苏 A×××　　电话 83232×××　　日期 2012　2　5

上车时间　16：08　　下车时间 16:38

单价　1.5 元 /km　　里程　5 km　　空补　　夜补

金额　10.50 元

粘 贴 面

南京市客运出租车专用发票

全国统一发票监制章 地方税务总局监制

发票代码　23080870　　监督电话:市物价局　12358

发票号码　13730652　　市运管处　83214×××

车号　苏 A×××　　电话 83232×××　　日期 2012　2　6

上车时间　10：08　　下车时间 10:38

单价　1.5 元 /km　　里程　4 km　　空补　　夜补

金额　9.00 元

南京市客运出租车专用发票

全国统一发票监制章 浙江 地方税务总局监制

发票代码　23080870　　监督电话:市物价局　12358

发票号码　13730653　　市运管处　83214×××

车号　苏 A×××　　电话 83232×××　　日期 2012　2　7

上车时间　07：08　　下车时间 07:38

单价　1.5 元 /km　　里程　6 km　　空补　　夜补

金额　12.00 元

南京市客运出租车专用发票

全国统一发票监制章 浙江 地方税务总局监制

发票代码　23080870　　监督电话:市物价局　12358

发票号码　13730654　　市运管处　83214×××

车号　苏 A×××　　电话 83232×××　　日期 2012　2　8

上车时间　07：08　　下车时间 07:38

单价　1.5 元 /km　　里程　5 km　　空补　　夜补

金额　10.50 元

南京市服务业通用发票

全国统一发票监制章 地方税务总局监制

发票代码　23080870　　监督电话:市物价局　12358

发票号码　13730651　　纳税人登记号:15234718×××E0000

开票日期 2012　2　5

经营项目	金额
餐费	40.60

合计(小写)　¥40.60

合计(大写) 肆拾元陆角整

税控码　6527626965729123××××

南京紫金山饭店 221376×××× 发票专用章

南京市服务业通用发票

全国统一发票监制章 地方税务总局监制

发票代码　23080870　　监督电话:市物价局　12358

发票号码　13730653　　纳税人登记号:15234718×××E0000

开票日期 2012　2　6

经营项目	金额
餐费	60.60

合计(小写)　¥60.60

合计(大写) 陆拾元陆角整

税控码　6527626965729123××××

南京紫金山饭店 221376×××× 发票专用章

粘贴面

南京市服务业通用发票

发票代码 23080870　　监督电话:市物价局 12358

发票号码 13730654　　纳税人登记号:15234718×××E0000

开票日期 2012 2 6

经营项目	金额
餐费	60.60

合计(小写) ¥60.60

合计(大写) 陆拾元陆角整

税控码 652762696572912 3×××

（印章：全国统一发票监制章 地方税务总局监制；南京紫金山饭店 221376×××× 发票专用章）

南京市服务业通用发票

发票代码 23080870　　监督电话:市物价局 12358

发票号码 13730655　　纳税人登记号:15234718×××E0000

开票日期 2012 2 7

经营项目	金额
餐费	50.60

合计(小写) ¥50.60

合计(大写) 伍拾元陆角整

税控码 6527626965729123×××

（印章：全国统一发票监制章 地方税务总局监制；南京紫金山饭店 221376×××× 发票专用章）

南京市服务业通用发票

发票代码 23080870　　监督电话:市物价局 12358

发票号码 13730658　　纳税人登记号:15234718×××E0000

开票日期 2012 2 7

经营项目	金额
餐费	40.60

合计(小写) ¥40.60

合计(大写) 肆拾元陆角整

税控码 6527626965729123×××

（印章：全国统一发票监制章 地方税务总局监制；南京紫金山饭店 221376×××× 发票专用章）

南京市服务业通用发票

发票代码 23080870　　监督电话:市物价局 12358

发票号码 13730659　　纳税人登记号:15234718×××E0000

开票日期 2012 2 8

经营项目	天数	单价	金额
住宿费	3	230	690.00

合计(小写) ¥690.00

合计(大写) 陆佰玖拾元整

税控码 6527626965729123×××

（印章：全国统一发票监制章 地方税务总局监制；南京长江大酒店 111435×××× 发票专用章）

南京市服务业通用发票

发票代码 23080870　　监督电话:市物价局 12358

发票号码 13730660　　纳税人登记号:15234718×××E0000

开票日期 2012 2 8

经营项目	金额
会议费	1 000.00

合计(小写) ¥1 000.00

合计(大写) 壹仟元整

税控码 6527626965729123×××

（印章：全国统一发票监制章 地方税务总局监制；南京长江大酒店 111435×××× 发票专用章）

粘贴面

中国银行
现金支票存根
10403710

附加信息

出票日期 2012年2月10日

收款人	沁园春新材料有限公司
金　额	￥2 305.00
用　途	报销差旅费

单位主管　　会计　王芳

3-9 报销通信费

中国联合网络通信有限公司山东省分公司专用发票

全国统一发票监制章 发票联 地方税务总局监制

受理编号　　合同号　　发票号码
　　　　　　　　　　　发票代码

客户名称	沁园春新材料有限公司	电话号码	8029×××
基本月租费	1 505		
本地通话费	360.41		
国内长话费	532.08		
国际长话费	20		
新业务费	387		
他网信息费	9.22		
优惠	−783.71		
上次余额	0		
本次余额	0		
本次应收	2 030		
大写金额	贰仟零叁拾元整	小写金额	￥2 030

中国联合网络通信有限公司东营市分公司 36080100100×××× 发票专用章

话费账期 2012.2.1—2.28　　日期 2012.2.28　　工号 2550003×
机打票号 2307890345×××　　税控码 15638902×××　　收款单位

东营银行
转账支票存根
XⅥ0286447

附加信息

出票日期 2012年2月28日

收款人	沁园春新材料有限公司
金　额	￥2 030.00
用　途	通信费

单位主管　　会计　王芳

粘贴面

2012年2月份座机费明细表

部　门	金	额			合　计
综合办公室	83.15	64.89	100.9	38.76	287.7
财务办公室	36.15	103.12			139.27
生产经营部门	150.67	82.75			233.42
机修车间	40.13				40.13
阻水膏车间	119.02	200.10			319.12
保水剂车间	32.81	664.64			697.45
销售中心	114.22	64.81			179.03
研发中心	83.31				83.31
食　堂	50.57				50.57
合　计	710.03	1 180.31	100.9	38.76	2 030

3-10 期末计提折旧

要求计算下表1、2、3种设备的年折旧额及月折旧额，保留2位小数。其他具体部门折旧表省略。

沁园春新材料有限公司保水剂车间机器设备折旧表　　2012.2

序号	设备名称	规格型号	数量	单位	转入日期	金额	残值率	使用年限	折旧率	年折旧	月折旧
1	真空发生装置	ZF-1.5	1	套	08/12	30 250	5%	10	9.5%		
2	电控柜	配套	1	台	08/12	5 525	5%	10	9.5%		
3	干燥脱水器	GB 150—98	1	台	09/06	199 000	5%	10	9.5%		
	（略）										
	合　计										73 617.62

沁园春新材料有限公司固定资产折旧汇总表　　2012.2

部　门	机械设备	建筑物	附属设施	其他固定资产	合　计
阻水膏车间	13 165	1 320.90			14 485.9
保水剂车间	73 617.62	1 532.43	28 410.40	718.04	104 278.49
机修车间	110.10	88.07			198.17
动力车间	58.7	138.90			197.6
综合办公室		88 467.56	52 424.08	12 783.19	153 674.83
生产经营办公室		239.88			239.88
财务办公室		210.42			210.42
销售中心		368.13			368.13
研发中心	500.57	190.42			690.99
合　计	87 451.99	92 556.71	80 834.48	13 501.23	274 344.41

粘贴面

3-11 应收票据贴现

贴现凭证(收账通知) 4

申请日期 2012 年 2 月 18 日

贴现汇票	种类	银行承兑汇票	号码	GA017863××	持票人	名称	沁园春新材料有限公司
	出票日	2012 年 2 月 7 日				账号	66607010000000××××
	到期日	2012 年 8 月 7 日				开户行	东营银行××支行
汇票承兑人	名称	华夏城支	账号		开户行		
汇票金额	人民币(大写)伍拾万元整				¥500 000.00		

贴现率 5.2% 月贴现率	贴现利息	百	十	万	千	百	十	元	角	分	实付金额	千	百	十	万	千	百	十	元	角	分
			¥	1	4	9	9	3	3	3			¥	4	8	5	0	0	6	6	7

东营银行 ××支行 2012.02.18 转讫 银行盖章 年 月 日	银行审查	秦峰 负责人 信贷员	科目(借) 对方科目(贷) 复核 记账

注:要求列出贴现息的计算过程。

3-12 期末摊销土地使用权

土地使用权,使用年限 50 年,金额为 22 808 400.8 元

无形资产月摊销额=22 808 400.8/50/12=38 014(元)

3-13 营销中心支付销售商品的搬运费

山东省地方税务局通用机打发票(税务机关代开代用)

发票联

全国统一发票监制章 浙江 地方税务总局监制

发票号码 237051101155

开票日期 2012.2.2　　行业分类　交通运输业　　发票代码 00145879

付款方名称	沁园春新材料有限公司	代开普通发票申请号码	2370120019873133××
收款方名称	张显明	收款方识别号	L23705023800097227××
品名	项目内容	金额	
装卸搬运	搬运费	3 800	东营市地方税务局 东营分局东城中心税务所 代开发票专用章 2370502××
大写金额 叁仟捌佰元整		小写金额 ¥3 800.00	
税额(大写)壹佰贰拾伍元肆角整		完税证号码 2011165894××	

出票人 李小平

粘 贴 面

东营银行
转账支票存根
XⅥ0286448

附加信息

出票日期　2012 年 2 月 2 日

收款人	张显明
金　额	￥3 800.00
用　途	付销售商品搬运费

单位主管　　会计　王芳

3-14 期末分配保险报刊费

保险报刊费用分配表

2012 年 2 月　　单位:元

项目 / 部门	财产保险费	报纸杂志费	合　计
阻水膏车间	400	10	410
保水剂车间	500	30	530
机修车间	300	10	310
动力车间	300	10	310
综合办公室	200	50	250
生产经营办公室	100	40	140
财务办公室	100	30	130
销售中心	100	20	120
合　计	2 000	200	2 200

粘 贴 面

3-15 办公室报销车辆修理费及油料费

山东增值税专用发票

全国统一发票监制章 山东 国家税务总局监制 抵扣联

3700113140　　　　No12266844

开票日期:2012年2月16日

购货单位	名　　称:沁园春新材料有限公司 纳税人识别号:37050266900×××× 地　址、电　话:东营黄河路××号 0546—8029××× 开户行及账号:东营银行××支行　66607010000000××××				密码区	(略)	
货物或应税劳务名称	规格型号	单　位	数　量	单　价	金　额	税　率	税　额
维修费		辆	1	565.81	565.81	17%	96.19
合计					￥565.81		￥96.19
价税合计(大写)	⊗陆佰陆拾贰元整						￥662.00
销货单位	名　　称:东营市慧达汽车服务有限公司 纳税人识别号:36084100111×××× 地　址、电　话:东营市南一路××号 0546－8755××× 开户行及账号:工行东营分行 18010033220××××				备注	东营市慧达汽车服务有限公司 本票支付 36084100111×××× 发票专用章	

收款人 张国强　　复核　　开票人 王月华　　销货单位(章)

国税函[2011]102号　西安印钞有限公司

第二联：抵扣联　购货方扣税凭证

山东增值税专用发票

全国统一发票监制章 山东 国家税务总局监制 发票联

3700113140　　　　No12266844

开票日期:2012年2月16日

购货单位	名　　称:沁园春新材料有限公司 纳税人识别号:37050266900×××× 地　址、电　话:东营黄河路××号 0546—8029××× 开户行及账号:东营银行××支行　66607010000000××××				密码区	(略)	
货物或应税劳务名称	规格型号	单　位	数　量	单　价	金　额	税　率	税　额
维修费		辆	1	565.81	565.81	17%	96.19
合计					￥565.81		￥96.19
价税合计(大写)	⊗陆佰陆拾贰元整						￥662.00
销货单位	名　　称:东营市慧达汽车服务有限公司 纳税人识别号:36084100111×××× 地　址、电　话:东营市南一路××号 0546－8755××× 开户行及账号:工行东营分行 18010033220××××				备注	东营市慧达汽车服务有限公司 本票支付 36084100111×××× 发票专用章	

收款人 张国强　　复核　　开票人 王月华　　销货单位(章)

国税函[2011]102号　西安印钞有限公司

第三联：发票联　购货方记账凭证

粘 贴 面

东营银行
转账支票存根
XⅥ0286449

附加信息

出票日期 2012年2月16日

收款人	慧达汽车服务有限公司
金　额	¥662.00
用　途	付车辆修理费

单位主管　　会计　王芳

山东增值税专用发票

3700113140　　　　　　　　　　　　№12265844

全国统一发票监制章 山东 国家税务总局监制

抵扣联

开票日期:2012年2月19日

购货单位	名　称:沁园春新材料有限公司 纳税人识别号:37050266900×××× 地址、电话:东营黄河路××号 0546—8029××× 开户行及账号:东营银行××支行 66607010000000××××			密码区	(略)		
货物或应税劳务名称	规格型号	单位	数量	单价	金额	税率	税额
柴油		升	1 000	6.58	6 580	17%	1 118.6
合计					¥6 580		¥1 118.6
价税合计(大写)	⊗柒仟陆佰玖拾捌元陆角整				¥7 698.60		
销货单位	名　称:东营市金顺油品有限公司 纳税人识别号:36084100111×××× 地址、电话:东营市南一路××号 0546—8755××× 开户行及账号:工行东营分行 18010033220××××			备注	东营市金顺油品有限公司 本票支付 36084100111×××× 发票专用章		

收款人 张国庆　　复核　　开票人 王中华　　销货单位(章)

国税函[2011]102号 西安印钞有限公司

第二联:抵扣联 购货方扣税凭证

粘贴面

山东增值税专用发票

3700113140　　　　全国统一发票监制章 山东 发票联 国家税务总局监制　　　　№12265844

开票日期:2012年2月19日

国税函[2009]102号　南京造币有限公司

购货单位	名　　称:沁园春新材料有限公司 纳税人识别号:37050266900×××× 地　址、电　话:东营黄河路××号 0546—8029××× 开户行及账号:东营银行××支行　66607010000000××××			密码区	(略)		
货物或应税劳务名称	规格型号	单　位	数　量	单　价	金　额	税　率	税　额
柴油		升	1 000	6.58	6 580	17%	1 118.6
合计					￥6 580		￥1 118.6
价税合计(大写)	⊗柒仟陆佰玖拾捌元陆角整						￥7 698.60
销货单位	名　　称:东营市金顺油品有限公司 纳税人识别号:36084100111×××× 地　址、电　话:东营市南一路××号 0546－8755××× 开户行及账号:工行东营分行 18010033220××××			备注	东营市金顺油品有限公司 本票支付 36084100111×××× 发票专用章		

收款人 张国庆　　复核　　开票人 王中华　　销货单位(章)

第三联:发票联　购货方记账凭证

东营银行

转账支票存根

XⅥ0286450

附加信息

出票日期　2012年2月19日

收款人	金顺油品有限公司
金　额	￥7 698.60
用　途	付油费

单位主管　　会计　王芳

3-16 产品完工入库

沁园春新材料有限公司

产品入库单

交库单位:阻水膏车间　　2012年2月2日　　编号:阻入 2-001

产品编号	产品名称	规　格	单　位	交付数量	检验结果	实收数量	备　注
	阻水膏		吨	3.75	合格	3.75	

质检员 曹军花　　仓库保管员 张方　　部门负责人 武光永　　制单

粘贴面

沁园春新材料有限公司

产品入库单

交库单位:阻水膏车间　　　　2012年2月3日　　　　编号:阻入2-002

产品编号	产品名称	规格	单位	交付数量	检验结果	实收数量	备　注
	阻水膏		吨	3.75	合格	3.75	

质检员 曹军花　　　　仓库保管员 张方　　　　部门负责人 武光永　　　　制单

沁园春新材料有限公司

产品入库单

交库单位:阻水膏车间　　　　2012年2月4日　　　　编号:阻入2-003

产品编号	产品名称	规　格	单　位	交付数量	检验结果	实收数量	备　注
	阻水膏		吨	5	合格	5	

质检员 曹军花　　　　仓库保管员 张方　　　　部门负责人 武光永　　　　制单

沁园春新材料有限公司

产品入库单

交库单位:阻水膏车间　　　　2012年2月7日　　　　编号:阻入2-004

产品编号	产品名称	规　格	单　位	交付数量	检验结果	实收数量	备　注
	阻水膏		吨	5	合格	5	

质检员 曹军花　　　　仓库保管员 张方　　　　部门负责人 武光永　　　　制单

沁园春新材料有限公司

产品入库单

交库单位:阻水膏车间　　　　2012年2月8日　　　　编号:阻入2-005

产品编号	产品名称	规　格	单　位	交付数量	检验结果	实收数量	备　注
	阻水膏		吨	2.5	合格	2.5	

质检员 曹军花　　　　仓库保管员 张方　　　　部门负责人 武光永　　　　制单

粘 贴 面

沁园春新材料有限公司
产 品 入 库 单

交库单位:阻水膏车间　　2012 年 2 月 10 日　　编号:阻入 2-006

产品编号	产品名称	规　格	单　位	交付数量	检验结果	实收数量	备　注
	阻水膏		吨	5	合格	5	

质检员 曹军花　　仓库保管员 张方　　部门负责人 武光永　　制单

沁园春新材料有限公司
产 品 入 库 单

交库单位:阻水膏车间　　2012 年 2 月 11 日　　编号:阻入 2-007

产品编号	产品名称	规　格	单　位	交付数量	检验结果	实收数量	备　注
	阻水膏		吨	5	合格	5	

质检员 曹军花　　仓库保管员 张方　　部门负责人 武光永　　制单

沁园春新材料有限公司
产 品 入 库 单

交库单位:阻水膏车间　　2012 年 2 月 15 日　　编号:阻入 2-008

产品编号	产品名称	规　格	单　位	交付数量	检验结果	实收数量	备　注
	阻水膏		吨	5	合格	5	

质检员 曹军花　　仓库保管员 张方　　部门负责人 武光永　　制单

沁园春新材料有限公司
产 品 入 库 单

交库单位:阻水膏车间　　2012 年 2 月 16 日　　编号:阻入 2-009

产品编号	产品名称	规　格	单　位	交付数量	检验结果	实收数量	备　注
	阻水膏		吨	6.25	合格	6.25	

质检员 曹军花　　仓库保管员 张方　　部门负责人 武光永　　制单

粘 贴 面

沁园春新材料有限公司

产品入库单

交库单位:阻水膏车间　　2012 年 2 月 17 日　　编号:阻人 2-010

产品编号	产品名称	规　格	单　位	交付数量	检验结果	实收数量	备　注
	阻水膏		吨	2.5	合格	2.5	

质检员 曹军花　　仓库保管员 张方　　部门负责人 武光永　　制单

沁园春新材料有限公司

产品入库单

交库单位:阻水膏车间　　2012 年 2 月 18 日　　编号:阻人 2-011

产品编号	产品名称	规　格	单　位	交付数量	检验结果	实收数量	备　注
	阻水膏		吨	6.25	合格	6.25	

质检员 曹军花　　仓库保管员 张方　　部门负责人 武光永　　制单

沁园春新材料有限公司

产品入库单

交库单位:阻水膏车间　　2012 年 2 月 21 日　　编号:阻人 2-012

产品编号	产品名称	规　格	单　位	交付数量	检验结果	实收数量	备　注
	阻水膏		吨	5	合格	5	

质检员 曹军花　　仓库保管员 张方　　部门负责人 武光永　　制单

沁园春新材料有限公司

产品入库单

交库单位:阻水膏车间　　2012 年 2 月 22 日　　编号:阻人 2-013

产品编号	产品名称	规　格	单　位	交付数量	检验结果	实收数量	备　注
	阻水膏		吨	5	合格	5	

质检员 曹军花　　仓库保管员 张方　　部门负责人 武光永　　制单

粘 贴 面

沁园春新材料有限公司

产品入库单

交库单位:阻水膏车间　　2012年2月25日　　编号:阻入2-014

产品编号	产品名称	规格	单位	交付数量	检验结果	实收数量	备注
	阻水膏		吨	6.25	合格	6.25	

质检员 曹军花　　仓库保管员 张方　　部门负责人 武光永　　制单

沁园春新材料有限公司

产品入库单

交库单位:阻水膏车间　　2012年2月26日　　编号:阻入2-015

产品编号	产品名称	规格	单位	交付数量	检验结果	实收数量	备注
	阻水膏		吨	6.25	合格	6.25	

质检员 曹军花　　仓库保管员 张方　　部门负责人 武光永　　制单

沁园春新材料有限公司

产品入库单

交库单位:阻水膏车间　　2012年2月27日　　编号:阻入2-016

产品编号	产品名称	规格	单位	交付数量	检验结果	实收数量	备注
	阻水膏		吨	2.5	合格	2.5	

质检员 曹军花　　仓库保管员 张方　　部门负责人 武光永　　制单

沁园春新材料有限公司

产品入库单

交库单位:阻水膏车间　　2012年2月28日　　编号:阻入2-017

产品编号	产品名称	规格	单位	交付数量	检验结果	实收数量	备注
	阻水膏		吨	2.5	合格	2.5	

质检员 曹军花　　仓库保管员 张方　　部门负责人 武光永　　制单

粘 贴 面

阻水膏各步骤产量记录

2012 年 2 月

项　目	第一步	第二步
月初在产品	400 升	0 升
本月投产(或上步转入)	32 400 升	3 100 升
本月产成品	32 800 升	77.5 吨
本月在产品	0 升	0 升
在产品完工程度		
转入下步	3 100 升	

沁园春新材料有限公司
产 品 入 库 单

交库单位:保水剂车间　　2012 年 2 月 1 日　　编号:保入 2-001

产品编号	产品名称	规　格	单　位	交付数量	检验结果	实收数量	备　注
	保水剂	25 千克粉末	袋	63	合格	63	
		25 千克颗粒	袋	97	合格	97	
		50 千克颗粒	袋	100	合格	100	
	合　计						9 000 千克

质检员 王锦莎　　仓库保管员 张方　　部门负责人 王庆峰　　制单

(接下来的 15 张入库单与此张内容一样,在此省略)

沁园春新材料有限公司
产 品 入 库 单

交库单位:保水剂车间　　2012 年 2 月 28 日　　编号:保入 2-017

产品编号	产品名称	规　格	单　位	交付数量	检验结果	实收数量	备　注
	保水剂	25 千克粉末	袋	31	合格	31	
		25 千克颗粒	袋	48	合格	48	
		50 千克颗粒	袋	50	合格	50	
合　计							4 475 千克

质检员 王锦莎　　仓库保管员 张方　　部门负责人 王庆峰　　制单

说明:因数量不够包装一袋,少量保水剂已完工未入库。

保水剂在产品数量:粉末 12.5 千克,颗粒 12.5 千克。

粘 贴 面

实训项目

实训一　材料费用的归集与分配

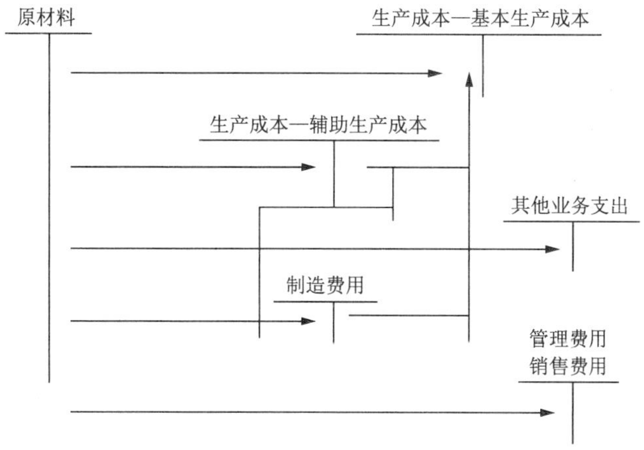

图 1-1　材料费用分配示意图

一、实训目的

通过实训使学生熟悉材料费用归集与分配的程序，掌握材料费用计入产品成本的方法。

二、实训程序与要求

(1) 开设相关账户。

① “生产成本”总账及明细账：

- 生产成本——基本生产成本——保水剂
- 生产成本——基本生产成本——阻水膏——第一步
- 生产成本——基本生产成本——阻水膏——第二步
- 生产成本——辅助生产成本——动力
- 生产成本——辅助生产成本——机修

②“制造费用”总账及明细账，分保水剂、阻水膏两个车间。

③“管理费用”总账及明细账。

（2）登记生产成本的期初余额及原材料期初余额。

（3）根据实训资料 1-1、1-2、1-3 凭证进行材料费用的归集与分配的相关账务处理。填制收料凭证汇总表，计算所耗原材料金额；填制记账凭证，登记相关明细账。

三、相关表格

表 1-1　发料汇总表

年　　月　　日至　　日

材料名称	生产成本—阻水膏第一步	生产成本—阻水膏第二步	生产成本—保水剂	制造费用	辅助生产成本	管理费用	合　计
合　计							

制表：

粘贴面

下列材料明细账根据要求选做：

表 1-2　原材料明细分类账

类别：原材料　　　　　　存货名称：

品名和规格：　　　　　　储备定额：

计量单位：　　　　　　仓　　库：　　　　　　第　　页

年		凭证		摘要	收入			发出			结存		
月	日	字	号		数量	单价	金额	数量	单价	金额	数量	单价	金额

表 1-3　原材料明细分类账

类别：原材料　　　　　　存货名称：

品名和规格：　　　　　　储备定额：

计量单位：　　　　　　仓　　库：　　　　　　第　　页

年		凭证		摘要	收入			发出			结存		
月	日	字	号		数量	单价	金额	数量	单价	金额	数量	单价	金额

表 1-4　原材料明细分类账

类别：原材料　　　　　　　　　　　　　存货名称：

品名和规格：　　　　　　　　　　　　　储备定额：

计量单位：　　　　　　　　　　　　　　仓　　库：　　　　　　　　　　　第　　页

年		凭证		摘要	收入			发出			结存		
月	日	字	号		数量	单价	金额	数量	单价	金额	数量	单价	金额

表 1-5　原材料明细分类账

类别：原材料　　　　　　　　　　　　　存货名称：

品名和规格：　　　　　　　　　　　　　储备定额：

计量单位：　　　　　　　　　　　　　　仓　　库：　　　　　　　　　　　第　　页

年		凭证		摘要	收入			发出			结存		
月	日	字	号		数量	单价	金额	数量	单价	金额	数量	单价	金额

表 1-6　原材料明细分类账

类别:原材料　　存货名称:
品名和规格:　　储备定额:
计量单位:　　仓　　库:　　第　　页

年		凭　证		摘　要	收　入			发　出			结　存		
月	日	字	号		数量	单价	金额	数量	单价	金额	数量	单价	金额

表 1-7　原材料明细分类账

类别:原材料　　存货名称:
品名和规格:　　储备定额:
计量单位:　　仓　　库:　　第　　页

年		凭　证		摘　要	收　入			发　出			结　存		
月	日	字	号		数量	单价	金额	数量	单价	金额	数量	单价	金额

表 1-8　原材料明细分类账

类别:原材料　　　　　　　　　　存货名称:
品名和规格:　　　　　　　　　　储备定额:
计量单位:　　　　　　　　　　　仓　　库:　　　　　　第　　页

年		凭证		摘要	收入			发出			结存		
月	日	字	号		数量	单价	金额	数量	单价	金额	数量	单价	金额

表 1-9　原材料明细分类账

类别:原材料　　　　　　　　　　存货名称:
品名和规格:　　　　　　　　　　储备定额:
计量单位:　　　　　　　　　　　仓　　库:　　　　　　第　　页

年		凭证		摘要	收入			发出			结存		
月	日	字	号		数量	单价	金额	数量	单价	金额	数量	单价	金额

表 1-10　原材料明细分类账

类别:原材料　　　　　　　　　　　　　　存货名称:

品名和规格:　　　　　　　　　　　　　　储备定额:

计量单位:　　　　　　　　　　　　　　　仓　　库:　　　　　　　　第　　页

年		凭证		摘要	收入			发出			结存		
月	日	字	号		数量	单价	金额	数量	单价	金额	数量	单价	金额

表 1-11　原材料明细分类账

类别:原材料　　　　　　　　　　　　　　存货名称:

品名和规格:　　　　　　　　　　　　　　储备定额:

计量单位:　　　　　　　　　　　　　　　仓　　库:　　　　　　　　第　　页

年		凭证		摘要	收入			发出			结存		
月	日	字	号		数量	单价	金额	数量	单价	金额	数量	单价	金额

表 1-12　原材料明细分类账

类别：原材料　　　　　　　　　　　　　　　存货名称：
品名和规格：　　　　　　　　　　　　　　　储备定额：
计量单位：　　　　　　　　　　　　　　　　仓　　库：　　　　　　　　　第　　页

年		凭　证		摘　要	收　入			发　出			结　存		
月	日	字	号		数量	单价	金额	数量	单价	金额	数量	单价	金额

表 1-13　生产成本明细分类账

户名：基本生产成本——保水剂

20××年		凭证字号编号	摘　要	借方(项目)					贷　方	余　额
月	日			直接材料	直接工资	动力	制造费用	合　计		

表 1-14　生产成本明细分类账

户名:基本生产成本——阻水膏——第一步

20××年		凭证字号编号	摘　要	借方(项目)					贷　方	余　额
月	日			直接材料	直接工资	动力	制造费用	合　计		

表 1-15　生产成本明细分类账

户名:基本生产成本——阻水膏——第二步

20××年		凭证字号编号	摘　要	借方(项目)					贷　方	余　额
月	日			直接材料	直接工资	动力	制造费用	合　计		

表 1-16　生产成本明细分类账

户名:辅助生产成本——动力

20××年		凭证字号编号	摘　要	借方(项目)				贷　方	余　额
月	日			材　料	人　工	制造费用	合　计		

表 1-17　生产成本明细分类账

户名:辅助生产成本——机修

20××年		凭证字号编号	摘　要	借方(项目)				贷　方	余　额
月	日			材　料	人　工	制造费用	合　计		

表 1-18　制造费用明细分类账

车间：

20××年		凭证字号编号	摘　要	借方(项目)								合计
月	日			材料	低值品	折旧	水电	保险	办公费	辅助成本	其他	

表 1-19　制造费用明细分类账

车间：

20××年		凭证字号编号	摘　要	借方(项目)								合计
月	日			材料	低值品	折旧	水电	保险	办公费	辅助成本	其他	

表 1-20　管理费用明细分类账

20××年		凭证字号编号	摘　要	借方(项目)									合计
月	日			人工	差旅费	折旧	水电	保险	办公费	通信费	福利	其他	

四、参考答案

1-1 购入设备并交付使用

借:固定资产——生产设备——聚合釜　410 000
　应交税费——应交增值税——进项税额　69 700
　贷:预付账款　479 700

1-2 购买材料

1-2-1　购买 N,N'-亚甲基双丙烯酰胺

借:原材料——N,N'-亚甲基双丙烯酰胺　98 280
　应交税费——应交增值税——进项税额　16 619.50
　贷:银行存款　113 899.50
　　库存现金　1 000

1-2-2　购买分散剂

借:原材料——分散剂　63 169.50
　应交税费——应交增值税——进项税额　10 567.88
　贷:应付票据——无锡海普化工　73 737.38

1-2-3　水煤浆入库

借:原材料——水煤浆　111 282.20
　贷:应付账款——应付暂估　111 282.20

1-2-4 购买包装袋

借:原材料——包装袋 25 260

应交税费——应交增值税——进项税额 4 294.20

贷:应付票据——东营市包装材料公司 29 554.20

1-2-5 购买材料

借:原材料——羟乙基纤维素 3 400

微晶纤维素 3 400

羧甲基淀粉钠 3 400

贷:库存现金 10 200

1-3 领用材料

1-3-1 阻水膏车间生产领料

借:生产成本——基本生产成本——阻水膏——第一步 518 537.12

贷:原材料——基础油 518 537.12 (61.56×8 423.28)

借:生产成本——基本生产成本——阻水膏——第二步 197 849.12

贷:原材料——合成橡胶 6 532.5 (3 250×2.01)

甘油 8 283.65 (4 647.21×1.782 5)

高吸水树脂 107 228.67 (18 447.94×5.812 5)

白炭黑 66 265.84 (9.455×7 008.55)

抗氧剂 9 538.46 (0.348 75×27 350.42)

1-3-2 保水剂车间生产领料

借:生产成本——基本生产成本——保水剂 2 191 685.58

贷:原材料——丙烯酸 489 295.95 (14 827.15×33)

N,N'-亚甲基双丙烯酰胺 17 287.99 [(98 280+0.1×64 957.26)/1.6×0.264]

过硫酸铵 1 861.54 (0.396×4 700.86)

AM 水剂 143 264.39 (49.5×2 894.23)

离子膜烧碱 23 012.22 (1.500 43×33×464.76)

白油分散剂 192 682.49 [(63 169.5+12 107.72×20)/25.1×15.84]

羟乙基纤维素 3 300 (33×100)

微晶纤维素 3 300 (33×100)

羧甲基淀粉钠 3 300 (33×100)

包装袋 12 630 (11 040+1 590)

N-羟甲基 449 955 (1.01×13 500×33)

N-羟基 851 796 (1.08×23 900×33)

1-3-3 期末盘点材料

借:生产成本——辅助生产成本——动力 167 151.37
　贷:原材料——水煤浆 139 723.86 [(483.21×811.96+111 282.2)/(483.21+135.71)×171.71]
　　　　　柴油 27 427.51 (3 706.42×7.4)

借:待处理财产损益——待处理流动资产损益 154.39
　原材料——分散剂 121.64
　贷:原材料——过硫酸铵 37.61
　　　　　基础油 84.23
　　　　　白炭黑 154.19

借:其他应收款——王庆峰 37.61
　　　　　刘明星 154.19
　贷:管理费用 37.41
　　待处理财产损益——待处理流动资产损益 154.39

四、补充实验

1. 实训资料

2012 年 2 月罗莎蛋糕生产奶油面包和牛奶面包两种产品,其投产量分别为 500 千克和 450 千克。为生产奶油面包领用 60 000 元的面粉,为生产牛奶面包领用 59 000 元的面粉,为生产两种产品共同领用 14 500 元的白砂糖。两种产品的单位消耗定额分别为 100 千克和 50 千克。本月仓库发出材料情况如下:

表 1-21 发料凭证汇总表

单位:元

材料 / 用途	面粉			白砂糖			香精			合计
	数量/千克	单价/(元·千克$^{-1}$)	金额	数量/千克	单价/(元·千克$^{-1}$)	金额	数量/千克	单价/(元·千克$^{-1}$)	金额	
奶油面包	12 000	5	60 000							60 000
牛奶面包	11 800	5	59 000							59 000
产品共同耗用				1 450	10	14 500				14 500
车间耗用							1 000	7	7 000	7 000
厂部耗用							20	7	140	140
合 计	23 800		119 000	1 450		14 500	1 020		7 140	140 640

2. 实训要求

根据以上资料完成表 1-22“材料费用分配表”,并做出账务处理。

表 1-22 材料费用分配表

2012 年 2 月　　单位:元

产品名称	投产量/千克	共同耗用材料				单独耗用材料	合计
		单耗定额	定额耗用量	分配率	分配额		
奶油面包							
牛奶面包							
合计							

3. 参考答案

表 1-23 材料费用分配表

2012 年 2 月　　单位:元

产品名称	投产量/千克	共同耗用材料				单独耗用材料	合计
		单耗定额	定额耗用量	分配率	分配额		
奶油面包	500	100	50 000		10 000	60 000	70 000
牛奶面包	450	50	22 500		4 500	59 000	63 500
合计	950		72 500	0.2	14 500	119 000	133 500

其中:0.2=14 500/72 500。

借:生产成本——基本生产成本——奶油面包　　70 000
　　　　　　　　　　　　　　——牛奶面包　　63 500
　制造费用　　7 000
　管理费用　　140
　贷:原材料——面粉　　119 000
　　　　　　——白砂糖　　14 500
　　　　　　——香精　　7 140

实训二　职工薪酬费用的归集与分配

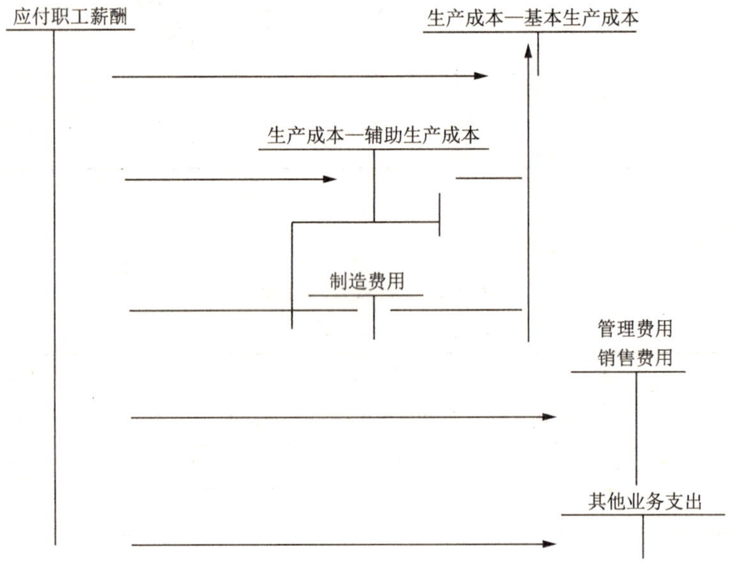

图 2-1　工资费用分配示意图

一、实训目的

通过实训，使学生明确工资计算的依据，掌握计时工资的计算，掌握相关工资结算单、工资结算表的编制，能够胜任工资核算岗位的工作。

二、实训程序及要求

(1) 开设相关账户。

① 应付职工薪酬——工资、社会保险费、住房公积金。

② 其他应付款——社会保险费、住房公积金。

③ 应交税费——应交个人所得税。

④ 销售费用、在建工程、其他业务支出等。

(2) 工资核算。

① 先计算个人应付工资。

日工资＝月基础工资/21.75

应付工资＝基础工资＋加班工资－病假事假扣款－其他扣款

② 然后编制部门工资结算单。

③ 再编制企业汇总工资结算单。

④ 最后编制社会保险及公积金计提表和工会经费、职工教育经费计提表。

(3) 根据实训资料 2-1、2-2、2-3、2-4 原始凭证编制记账凭证并登记有关明细账。

三、补充说明

阻水膏第一步与第二步工人人数为 1:2,故第一步与第二步人工费按 1:2分配。

四、参考答案

2-1 工资、保险、公积金

借:生产成本——基本生产成本——保水剂 27 583
　　　　　　　　　　　阻水膏——第一步 6 340
　　　　　　　　　　　　　　　第二步 12 680
　　　　　　辅助生产成本——机修 12 500
　　　　　　　　　　　　　动力 9 396
　销售费用 13 200
　管理费用 33 300
　贷:应付职工薪酬——工资 114 999

借:生产成本——基本生产成本——保水剂 8 205
　　　　　　　　　　　阻水膏——第一步 1 455.33
　　　　　　　　　　　　　　　第二步 2 910.67
　　　　　　辅助生产成本——机修 4 923
　　　　　　　　　　　　　动力 3 282
　销售费用 17 264
　管理费用 14 366
　贷:应付职工薪酬——社会保险费 39 494
　　　　　　　　　　住房公积金 12 912

借:应付职工薪酬——工资 21 546
　贷:其他应付款——社会保险费 14 014
　　　　　　　　　住房公积金 7 532

借:应付职工薪酬——工资 84 746
　贷:银行存款 84 746

借:其他应付款——社会保险费　　14 014
　应付职工薪酬——社会保险费　　39 494
　贷:银行存款　　53 508

借:其他应付款——住房公积金　　7 532
　应付职工薪酬——住房公积金　　12 912
　贷:银行存款　　20 444

2-2 支付职工培训费

借:管理费用——职工教育经费　　5 000
　贷:银行存款　　5 000

2-3 支付职工困难补助

借:管理费用——职工福利　　6 300
　贷:银行存款　　6 300

2-4 报销食堂伙食费

借:管理费用——职工福利　　7 212.5
　贷:银行存款　　7 212.5

表 2-1　沁园春新材料有限公司工资结算单

编制单位:保水剂车间　　2012 年 2 月

姓　名	基础工资	加班费	合计	扣事病假	其他扣款	应付工资	应扣保险	应扣公积金	实发工资
王庆峰	1 500	100	1 600	10.35	0	1 589.65	220	140	1 229.65
董洪凯	1 500	300	1 800	68.97	0	1 731.03	220	140	1 371.03
孙长胜	1 500	200	1 700	0	0	1 700	220	140	1 340
刘　云	1 500	100	1 600	0	0	1 600	220	140	1 240
孙廷岭	1 800	300	2 100	0	0	2 100	242	168	1 690
合　计	26 662.32	1 000	27 662.32	79.32	0	27 583	2 211	1 151.5	24 220.5

主管领导　　审核

表 2-2 沁园春新材料有限公司工资结算汇总表

2012 年 2 月

部门	基础工资	加班费	合计	扣事病假	其他扣款	应付工资	应扣保险	应扣公积金	实发工资
保水剂	26 662.32	1 000	27 662.32	79.32	0	27 583	2 211	1 151.5	24 220.5
阻水膏	18 428.68	900	19 328.68	200.68	108	19 020	1 166	630	17 224
机修	12 200	300	12 500	0	0	12 500	1 326.6	690.9	10 482.5
动力	9 196	200	9 396	0	0	9 396	884.4	460.6	8 051
销售中心	13 200	0	13 200	0	0	13 200	4 576	2 548	6 076
管理部门	33 300	0	33 300	0	0	33 300	3 850	2 051	27 399
合计	112 987	2 400	115 387	280	108	114 999	14 014	7 532	93 453

表 2-3 社会保险及公积金计提表(企业负担部分)

2012 年 2 月

部门	保险基数	养老保险 18%	医疗保险 9%	失业保险 2%	工伤保险 1%	生育保险 1%	保险合计	公积金基数	公积金 12%	合计
管理部门	35 000	6 300	3 150	700	350	350	10 850	29 300	3 516	14 366
任国欣	5 000	900	450	100	50	50	1 550	4 200	504	
刘雪梅	4 000	720	360	80	40	40	1 240	3 400	408	
阻水膏	10 600	1 908	954	212	106	106	3 286	9 000	1 080	4 366
翟乃华	3 820	687.6	343.8	76.4	38.2	38.2	1 184.2	3 000	360	
保水剂	20 100	3 618	1 809	402	201	201	6 231	16 450	1 974	8 205
王庆峰	2 195	395.1	197.55	43.9	21.95	21.95	680.45	2 400	288	
机修	12 060	2 170.8	1 085.4	241.2	120.6	120.6	3 738.6	9 870	1 184.4	4 923
动力	8 040	1 447.2	723.6	160.8	80.4	80.4	2 492.4	6 580	789.6	3 282
销售中心	41 600	7 488	3 744	832	416	416	12 896	36 400	4 368	17 264
合计		22 932	11 466	2 548	1 274	1 274	39 494		12 912	52 406

五、补充实验

1. 实训资料

(1) 某生产工人本月加工 A 零件 1 000 个，每件单价 1 元，经检验 A 零件料废 5 个、工废 10 个；加工 B 零件 500 个，每件单价 2 元，经检验乙零件料废 5 个、工废 5 个，其余均为合格品。

(2) 某生产小组 3 个人共同完成某项加工任务，共得计件工资 20 000 元，有关计时工资见下表。

表 2-4

姓　名	小时工资率	实际工作小时
王　艳	8	100
李　静	9	120
黄　磊	8	110
合　计		330

2. 实训要求

(1) 根据资料(1)计算生产工人的工资；

(2) 根据资料(2)填制小组计件工资分配表。

表 2-5　小组计件工资分配表

姓　名	小时工资率	实际工作小时	计时工资	计件工资分配率	计件工资
王　艳	8	100			
李　静	9	120			
黄　磊	8	110			
合　计		330			

3. 参考答案

(1) 应付计件工资＝(1 000－10)×1＋(500－5)×2＝1 980 元

(2) 小组计件工资分配表如下。

表 2-6　小组计件工资分配表

姓　名	小时工资率	实际工作小时	计时工资	计件工资分配率	计件工资
王　艳	8	100	800		5 797.12
李　静	9	120	1 080		7 826.11
黄　磊	8	110	880		6 376.77
合　计		330	2 760	7.246 4	20 000

实训三　折旧与其他费用的归集与分配

一、实训目的

通过实训使学生熟悉其他费用的归集与分配的程序，掌握其他费用计入产品成本的方法。

二、实训程序及要求

（1）按要求填制相关分配表。
（2）填制记账凭证并登记有关明细账。

三、补充说明

（1）沁园春新材料有限公司用水量按定额分配，如：保水剂车间按791.01方；阻水膏车间按产量×2；动力车间按天数×2；管理部门比较多，特别是食堂用水量很大，所有厕所用水量很大，没有单独安水表计量，所以用水量的余额全由管理部门分摊。

（2）沁园春新材料有限公司用电量也是按定额分配，余额全由管理部门分摊。

四、参考答案

3-1 分配水费

表3-1　水费分配表

2012年2月

部　门	数量/方	分配率	金　额
保水剂车间	791.01		2 570.78
阻水膏车间	155		503.75
机修车间	1		3.25
动力车间	56		182
销售中心	0		0
管理部门	1 564.99		5 081.37
合　计	2 568	3.25	8 341.15

借:生产成本——辅助生产成本——机修　　3.25
　　　　　　　　　　　　　　动力　　182
　制造费用——保水剂车间　　2 570.78
　　　　　　阻水膏车间　　503.75
　管理费用　　5 081.37
　应交税费——应交增值税——进项税额　　261.65
　贷:银行存款　　8 602.80

3-2 分配电费

表 3-2　电费分配表

2012 年 2 月

部　门	数量/度	分配率	金　额
保水剂车间	12 048.3		7 397.66
阻水膏车间	17 050		10 468.7
机修车间	3 000		1 842
动力车间	23 760		14 588.64
销售中心	600		368.4
管理部门	29 796.63		18 295.13
合　计	86 254.93	0.614	52 960.53

借:生产成本——辅助生产成本——机修　　1 842
　　　　　　　　　　　　　　动力　　14 588.64
　制造费用——保水剂车间　　7 397.66
　　　　　　阻水膏车间　　10 468.7
　销售费用　　368.4
　管理费用　　18 295.13
　应交税费——应交增值税——进项税额　　9 003.29
　贷:银行存款　　61 963.82

3-3 分配低值易耗品

借:生产成本——辅助生产成本——机修　　408
　　　　　　　　　　　　　　动力　　150
　制造费用——保水剂车间　　260
　　　　　　阻水膏车间　　640
　贷:库存现金　　1 458

3-4 分配办公用品

借:制造费用——保水剂车间　　80
　　　　　　　阻水膏车间　　40
　销售费用　　160
　管理费用　　410
　贷:库存现金　　690

3-5 机修车间购买配件

借:制造费用——保水剂车间　　840
　　　　　　　阻水膏车间　　2 522.50
　贷:库存现金　　3 362.50
借:制造费用——保水剂车间　　2 080
　应交税费——应交增值税——进项税额　　353.60
　贷:应付账款——五洲商贸有限公司　　2 433.60
借:生产成本——辅助生产成本——动力　　851.5
　贷:库存现金　　851.5

3-6 支付广告费

借:预付账款——山东电视台　　120 000
　贷:银行存款　　120 000
借:销售费用——广告费　　10 000
　贷:预付账款——山东电视台　　10 000

3-7 支付法律咨询费

借:管理费用——咨询费　　20 000
　贷:银行存款　　20 000

3-8 报销办公室人员差旅费

借:管理费用——差旅费　　2 305
　贷:银行存款　　2 305

3-9 报销通信费

借:生产成本——辅助生产成本——机修　　40.13
　制造费用——保水剂车间　　697.45
　　　　　　阻水膏车间　　319.12
　销售费用　　179.03
　管理费用　　794.27
　贷:银行存款　　2 030

3-10 期末计提折旧

借:生产成本——辅助生产成本——机修	198.17	
动力	197.60	
制造费用——保水剂车间	104 278.49	
阻水膏车间	14 485.90	
销售费用	368.13	
管理费用	154 816.12	
贷:累计折旧		274 344.41

3-11 应收票据贴现

借:财务费用——贴现息	14 993.33	
银行存款	485 006.67	
贷:应收票据		500 000

3-12 期末摊销土地使用权

借:管理费用——土地使用权	38 014	
贷:累计摊销		38 014

3-13 报销销售中心搬运费

借:销售费用——搬运费	3 800	
贷:银行存款		3 800

3-14 期末分配保险报刊费

借:生产成本——辅助生产成本——机修	310	
动力	310	
制造费用——保水剂车间	530	
阻水膏车间	410	
销售费用	120	
管理费用	520	
贷:预付账款——保险公司		2 000
邮政局		200

3-15 办公室报销车辆维修费及油料费

借:管理费用——车辆维修费	662	
油料费	7 698.60	
贷:银行存款		8 360.60

3-16 产品完工入库（计算过程见实训六）

借:库存商品——保水剂(颗粒)　　2 047 794.53
　　　　　　　保水剂(粉末)　　488 493.12
　贷:生产成本——基本生产成本——保水剂——颗粒　　2 047 794.53
　　　　　　　　　　　　　　　　　　　　粉末　　488 493.12

借:库存商品——阻水膏　　761 231.33
　贷:生产成本——基本生产成本——阻水膏——第二步　　761 231.33

实训四　辅助生产成本的归集与分配

一、实训目的

通过实训使学生熟悉辅助生产成本费用分配的程序，掌握辅助生产成本的分配方法及账务处理。

二、实训程序与要求

（1）根据沁园春新材料有限公司资料进行相关账务处理后，确定各辅助生产车间的费用数额。

（2）编制“辅助生产成本费用分配表”。

该企业采用直接分配法。

$$某车间辅助生产成本分配率=\frac{某车间辅助生产成本待分配费用总额}{辅助车间对外提供劳务数量之和}$$

某受益单位应负担劳务费用＝某受益单位耗用劳务数量×某车间辅助生产成本分配率

（3）根据分配表编制记账凭证，登记有关明细账并结转辅助生产成本。

三、相关表格及补充资料

该企业动力车间主要是给保水剂生产提供热力，附带在冬季给各部门提供暖气取暖，各部门根据同期暖气费金额按定额分配动力车间费用，其余动力车间费用计入保水剂生产成本。机修车间为各部门提供修理服务，按修理工时分配机修车间辅助生产费用。

表 4-1　动力费用分配表

2012 年 2 月

部　　门	定　　额	分配金额
销售部门	1 633.57×2	3 267.14
管理部门	1 633.57×4	6 534.28
保水剂车间	1 633.57×6	9 801.42
阻水膏车间	1 633.57×2	3 267.14
保水剂产品		
合　　计		

表 4-2 修理费用分配表

2012 年 2 月

部 门	工 时	分配率	分配金额
保水剂车间			
阻水膏车间			
管理部门			
销售部门			
动力车间			
合 计			

注：修理车间费用分配率保留 2 位小数，阻水膏分配金额采用倒挤计算。

四、参考答案

表 4-3 动力费用分配表

2012 年 2 月

部 门	定 额	分配金额
销售部门	1 633.57×2	3 267.14
管理部门	1 633.57×4	6 534.28
保水剂车间	1 633.57×6	9 801.42
阻水膏车间	1 633.57×2	3 267.14
保水剂产品		173 239.13
合 计		196 109.11

表 4-4 修理费用分配表

2012 年 2 月

部 门	工 时	分配率	分配金额
保水剂车间	18.5		7 483.07
阻水膏车间	31.5		12 741.48
管理部门			
销售部门			
动力车间			
合 计	50	404.49	20 224.55

注：因为采用直接分配法，动力车间工时不用计算，也不分配修理费用。

借：生产成本——基本生产成本——保水剂 173 239.13

　　制造费用——保水剂车间 9 801.42

　　　　　　——阻水膏车间 3 267.14

　　销售费用——取暖 3 267.14

管理费用——取暖　　6 534.28
贷:生产成本——辅助生产成本——动力　　196 109.11
借:制造费用——保水剂车间　　7 483.07
——阻水膏车间　　12 741.48
贷:生产成本——辅助生产成本——修理　　20 224.55

表 4-5　生产成本明细分类账

户名:辅助生产成本——动力

2012 年		凭证字号编号	摘　要	借方(项目)				贷方	余额
月	日			材料	人工	制造费用	合计		
2	1	(略)	领低值易耗品	150			150		
	10		修理用配件	851.50			1 001.5		
	28		生产用材料	167 151.37			168 152.87		
	28		结算工资		9 396		177 548.87		
	28		提公积金保险		3 282		180 830.87		
	28		水　费			182	181 012.87		
	28		电　费			14 588.64	195 601.51		
	28		折　旧			197.60	195 799.11		
	28		保险杂志摊销			310	196 109.11		
	28		本月转出	168 152.87	12 678	15 278.24	196 109.11	196 109.11	0

表 4-6　生产成本明细分类账

户名:辅助生产成本——机修

2012 年		凭证字号编号	摘　要	借方(项目)				贷方	余额
月	日			材料	人工	制造费用	合计		
2	1	(略)	领低值易耗	408			408		
	28		通信费			40.13	448.13		
	28		结算工资		12 500		12 948.13		
	28		提公积金保险		4 923		17 871.13		
	28		分配水费			3.25	17 874.38		
	28		分配电费			1 842	19 716.38		
	28		计提折旧			198.17	19 914.55		
	28		保险杂志摊销			310	20 224.55		
	28		本月转出	408	17 423	2 393.55	20 224.55	20 224.55	0

实训五　制造费用的归集与分配

一、实训目的

通过实训使学生熟悉制造费用分配的程序,熟练掌握制造费用的分配方法及账务处理。

二、实训程序与要求

(1) 根据沁园春新材料有限公司资料进行相关账务处理后,确定各基本生产车间的费用数额。

(2) 编制“制造费用分配表”。

$$制造费用分配率=\frac{某车间制造费用总额}{该车间机器工时总数}$$

某产品应负担制造费用=某产品机器工时数×制造费用分配率

(3) 根据分配表编制记账凭证,登记有关明细账并结转制造费用。

三、相关表格及补充资料

阻水膏车间生产分两步:第一步将基础油加热冷却;第二步将冷却的基础油再加热并添加其他原材料继续生产。但两步所用设备是一整套,按工时定额分配制造费用。

表 5-1　制造费用分配表

项　目 成本计算对象	工　时	分配率	分配金额
阻水膏第一步	80 分钟		
阻水膏第二步	100 分钟		
合　计	180 分钟		

注:分配率保留 4 位小数,第二步分配金额倒挤计算。

四、参考答案

表 5-2 制造费用分配表

项目 成本计算对象	工 时	分配率	分配金额
阻水膏第一步	80 分钟		20 177.14
阻水膏第二步	100 分钟		25 221.44
合 计	180 分钟	252.214 3	45 398.58

借:生产成本——基本生产成本——阻水膏——第一步 20 177.14
第二步 25 221.44
贷:制造费用——阻水膏 45 398.58
借:生产成本——基本生产成本——保水剂 136 018.88
贷:制造费用——保水剂 136 018.88

表 5-3 制造费用明细分类账

车间:阻水膏

2012 年		凭证字号编号	摘 要	借方(项目)								合计
月	日			材料	低值品	折旧	水电	保险	办公费	辅助成本	其他	
2	1	(略)	领低值易耗品		640							
	2		领办公用品						40			
	5		修理用配件	840.5								
	12		修理用配件	840.5								
	19		修理用配件	841.5								
	28		分配通信费								319.12	
	28		分配水费				503.75					
	28		分配电费				10 468.7					
	28		计提折旧			14 485.9						
	28		保险杂志摊销					410				
	28		结转动力成本							3 267.14		
	28		结转机修成本							12 741.47		
	28		本月转出	2 522.50	640	14 485.9	10 972.45	410	40	16 008.61	319.12	45 398.58

表 5-4 制造费用明细分类账

车间:保水剂

2012 年		凭证字号编号	摘要	借方(项目)								合计
月	日			材料	低值易耗品	折旧	水电	保险	办公费	辅助成本	其他	
2	1	(略)	领低值易耗品		260							
	2		领办公用品						80			
	3		修理用配件	840								
	16		修理用配件	2 080								
	28		分配通信费								697.45	
	28		分配水费				2 570.78					
	28		分配电费				7 397.66					
	28		计提折旧			104 278.49						
	28		保险杂志摊销					530				
	28		结转动力成本							9 801.42		
	28		结转机修成本							7 483.08		
	28		本月转出	2 920	260	104 278.49	9 968.44	530	80	17 284.5	697.45	136 018.88

五、补充实验

1. 实训资料

2012 年 2 月,广发轮胎厂生产轮胎 1 000 个,生产过程中发现 20 个不可修复废品。轮胎成本明细账归集的生产费用为:直接材料 125 000 元,直接人工 4 875 元,制造费用 22 750 元,合计 152 625 元。原材料于生产开始时一次投入。生产工时为:合格品 1 505 小时,废品 120 小时,合计 1 625 小时。废品回收的残料计价 200 元。另外,轮胎生产过程中发现 20 个可修复废品,当即修复,耗用原材料 200 元,工资 40 元,制造费用 50 元。此外,应向过失人索赔 100 元。

2. 实训要求

（1）完成计算表（表 5-5）和明细账（表 5-6、表 5-7）。

（2）做出相关会计分录。

表 5-5　废品损失表

产品名称：轮胎　　2012 年 2 月

项　目	数量/件	直接材料	生产工时	直接人工	制造费用	成本合计
合格品和废品生产费用						
费用分配率						
废品生产成本						
减：废品残料						
应收赔偿款						
废品报废损失						

表 5-6　废品损失明细账

产品名称：轮胎　　2012 年 2 月　　产量：

月	日	摘　要	直接材料	直接人工	制造费用	转　出	合　计

表 5-7　基本生产成本明细账

产品名称：轮胎　　2012 年 2 月

月	日	摘　要	直接材料	直接人工	制造费用	废品损失	合　计

3. 参考答案

表 5-8　废品损失表

产品名称：轮胎　　　　2012 年 2 月

项　目	数量/件	直接材料	生产工时	直接人工	制造费用	成本合计
合格品和废品生产费用	1 000	125 000	1 625	4 875	22 750	152 625
费用分配率		1 250		3	14	
废品生产成本	20	2 500	120	360	1 680	4 540
减：废品残料		200				200
应收赔偿款						
废品报废损失		2 300		360	1 680	4 340

表 5-9　废品损失明细账

产品名称：轮胎　　　　2012 年 2 月　　　　产量：1 000 个

月	日	摘　要	直接材料	直接人工	制造费用	转　出	合　计
10	31	不可修复废品成本	2 500	360	1 680		4 540
	31	残料收入	200				200
	31	结转				4 340	4 340
	31	可修复废品生产费用	200	40	50		290
	31	应收赔偿款		100			100
	31	结转				190	190
10	31	合　计	2 500	300	1 730	4 530	0

表 5-10　基本生产成本明细账

产品名称：轮胎　　　　2012 年 10 月

月	日	摘　要	直接材料	直接人工	制造费用	废品损失	合　计
10	31	本月生产费用	125 000	4 875	22 750		152 625
	31	转出不可修复废品成本	2 500	350	1 680		4 530
	31	转入不可修复废品净损失				4 340	4 340
	31	转入可修复废品修复成本				190	190
10	31	小　计	122 500	4 525	21 070	4 530	152 625

实训六　成本计算方法的综合运用

一、实训目的

通过实训使学生熟悉品种法、分类法、分步法的核算程序，熟练掌握产品成本核算的方法——品种法、分类法、分步法。

二、实训程序与要求

分类法：

(1) 将归集的保水剂成本在完工与在产品之间分配。

(2) 将完工保水剂在粉末与颗粒两类产品间分配。

分配时以售价为标准确定系数，然后根据产量计算总系数并分配成本。

$$\text{折合系数}=\frac{\text{某规格产品的售价}}{\text{标准产品售价}}$$

$$\text{类内产品总系数}=\sum\text{类内某种产品的实际产量}\times\text{该产品折合系数}$$

$$\text{某产品实际成本}=\text{该类产品本期实际成本}\times(\text{该产品总系数}\div\text{类内产品总系数})$$

(3) 根据计算结果编制记账凭证，登记有关明细账并结转完工产品成本。

分步法：

(1) 将归集的阻水膏成本在两步间按公式比例分配(材料能分清直接计入，其他分配计入)。

$$\text{某项每步费用分配率}=\frac{\text{某项费用总额}}{\text{该产品所耗工时总数}}$$

$$\text{某项某步费用分配金额}=\text{某项每步费用分配率}\times\text{该产品某步所耗工时}$$

(2) 计算转入下步的成本(综合结转、分项结转)。

(3) 计算完工产品成本并成本还原(综合结转的情况下)。

(4) 根据计算结果编制记账凭证，登记有关明细账并结转完工产品成本。

三、相关表格及补充资料

表 6-1　保水剂产量及售价信息

产品类别	规　格	本期实际产量/吨	单位售价/(元·吨$^{-1}$)
白　色	粉　末		22 500
	颗　粒		20 000

续表 6-1

产品类别	规　格	本期实际产量/吨	单位售价/(元·吨$^{-1}$)
褐　色	粉　末		
	颗　粒		

注:因为褐色保水剂牵涉加入一种秘密材料,故不作为实例,略去。

本期产量由学生自己根据产品入库单计算。

要求学生用分类法以售价为标准分配保水剂粉末与颗粒的成本。如果根据订单本月全是粉末,则用品种法计算粉末成本。

表 6-2　保水剂产品成本计算单

产品类别	规格	本期实际产量/吨	单价/(元·吨$^{-1}$)	折合系数	总系数	完工产品总成本	每一系数成本	规格产品总成本	单位产品成本/(元·吨$^{-1}$)
白色	粉末								
	颗粒								
合计									

表 6-3　阻水膏成本计算单

产量:77.5 吨

成本项目	总成本	单位成本
半成品		
直接材料		
直接人工		
制造费用		
合　计		

表 6-4　阻水膏成本还原表

成本项目	还原前总成本	第一步半成品成本	还原率及还原额	还原后总成本
栏　目	1	2	3	4
还原率				
直接材料				
直接人工				
制造费用				
半成品				
合　计				

四、参考答案

表 6-5　保水剂产品成本计算单

产品类别	规格	本期实际产量/吨	单价/(元·吨$^{-1}$)	折合系数	总系数	完工产品总成本	每一系数成本	规格产品总成本	单位产品成本/(元·吨$^{-1}$)
白色	粉末	25.987 5	22 500	1.125	29.235 937 5			488 728.10	18 806.28
	颗粒	122.512 5	20 000	1	122.512 5			2 048 003.49	16 716.69
合计					151.748 437 5	2 536 731.59	16 716.69	2 536 731.59	

注:将颗粒作为标准产品计算系数。

产量计算:

粉末:63×25×16+31×25+12.5=259 87.5(千克)

颗粒:97×25×16+48×25+100×50×16+50×50+12.5=122 512.5(千克)

计算完工产品成本:

粉末:(63×25×16+31×25)/1 000×18 806.28=488 493.12

488 728.10−488 493.12=234.98　　为在产品成本(已完工未包装入库)

颗粒:(97×25×16+48×25+100×50×16+50×50)/1 000×16 716.69=2 047 794.53

2 048 003.49−2 047 794.53=208.96　　为在产品成本(已完工未包装入库)

借:生产成本——基本生产成本——保水剂——颗粒　2 047 794.53

　　　　　　　　　　　　　　　　　　　　粉末　488 493.12

　贷:生产成本——基本生产成本——保水剂　　2 536 287.65

借:库存商品——保水剂(颗粒)　2 047 794.53

　　　　　　　保水剂(粉末)　488 493.12

贷:生产成本——基本生产成本——保水剂——颗粒　2 047 794.53

　　　　　　　　　　　　　　　　　　　粉末　488 493.12

表 6-6　生产成本明细分类账

户名:基本生产成本——保水剂

2012年 月	日	凭证字号编号	摘　要	借方(项目) 直接材料	直接人工	动力	制造费用	合　计	贷方	余额
2	28	(略)	材料汇总	2 191 685.58						
	28		分配人工		35 788					
	28		分配动力			173 239.13				
	28		分配制造费				136 018.88	2 536 731.59		
	28		粉末入库						488 493.12	
	28		颗粒入库						2 047 794.53	443.94

表 6-7　生产成本明细分类账

户名:基本生产成本——阻水膏——第一步

2012年		凭证字号	摘　要	借方(项目)				贷方	余额
月	日			直接材料	直接工资	制造费用	合　计		
2	28	(略)	月初余额	6 401.62					
	28		材料汇总	518 537.12					
	28		分配人工		7 795.33				
	28		分配制造费			20 177.14			
	28		本月合计	524 938.74	7 795.33	20 177.14	552 911.21		
	28		产量合计/升				32 800		
	28		本步单位成本	16.004 2	0.237 7	0.615 2			
	28		转入下步产量/升				31 000		
	28		转入下步成本	496 130.2	7 368.7	19 071.2	522 570.1	522 570.1	30 341.11
	28		本步在产品成本	28 808.54	426.63	1 105.94	30 341.11		

表 6-8　生产成本明细分类账

户名:基本生产成本——阻水膏——第二步

2012年		凭证字号	摘　要	借方(项目)					贷方	余额
月	日			半成品	直接材料	直接工资	制造费用	合　计		
2	28	(略)	材料汇总		197 849.12					
	28		分配人工			15 590.67				
	28		分配制造费用				25 221.44			
	28		半成品转入	522 570.1						
	28		本月合计	522 570.1	197 849.12	15 590.67	25 221.44	761 231.33		761 231.33
	28		完工成本	522 570.1	197 849.12	15 590.67	25 221.44	761 231.33	761 231.33	0
	28		在产品成本	0	0	0	0	0		

借:生产成本——基本生产成本——阻水膏——第二步　　522 570.1

　贷:生产成本——基本生产成本——阻水膏——第一步　　522 570.1

借:库存商品——阻水膏　　761 231.33

　贷:生产成本——基本生产成本——阻水膏——第二步　　761 231.33

表 6-9　阻水膏成本计算单

产量:77.5 吨

成本项目	总成本	单位成本
半成品	522 570.1	6 742.84
直接材料	197 849.12	2 552.89
直接人工	15 590.67	201.17
制造费用	25 221.44	325.44
合　计	761 231.33	9 822.34

表 6-10 阻水膏成本还原表

成本项目	还原前总成本	第一步半成品成本	还原率及还原额	还原后总成本
栏　目	1	2	3	4
还原率			0.945 124 805 8	
直接材料	197 849.12	524 938.74	496 132.65	693 981.77
直接人工	15 590.67	7 795.33	7 367.56	22 958.23
制造费用	25 221.44	20 177.14	19 069.89(倒挤)	44 291.33
半成品	522 570.1			
合　计	761 231.33	552 911.21	522 570.1	761 231.33

实训七　成本报表的编制与成本分析

一、实训目的

通过实训使学生熟悉成本报表编制程序和成本分析的基本方法，能编制成本报表并进行成本分析。

二、实训要求

根据相关资料编制成本报表并进行相关分析。

三、实训资料及具体要求

（一）企业资料 1

湛海机械厂是一家专门生产机床的企业，设有两个基本生产车间，一车间生产车床，二车间生产钻床、铣床两种产品。其中车床、钻床为可比产品，铣床为不可比产品。

（1）该厂 2012 年 12 月份有关成本资料见表 7-1。

表 7-1　商品产品生产资料

2012 年 12 月　　金额单位：元

	可比产品(车床)	可比产品(钻床)	不可比产品(铣床)
单位生产成本/元			
本年实际成本	600	420	
本月实际	555	414	276
本年累计实际平均	573	417	173
本年计划	580	400	270
生产量/件			
本月实际	90	105	60
本年累计实际	765	960	630
本年计划	720	890	650
销售量/件			
本月实际	75	105	60
本年累计实际	780	870	48
年初结存数量/件	120	90	135

可比产品本年计划降低额 32 200 元，可比产品本年降低率 4%，按现行价格计算的商品产值为 1 698 450 元，本年计划的产值率为 56 元/百元。

（2）全部商品产品成本项目构成资料见表 7-2。

表 7-2 全部商品产品成本项目构成资料

单位：湛海机械厂　　　　2012 年度　　　　金额单位：元

成本项目	全部商品产品成本	
	计　划	实　际
直接材料	598 680	655 885
直接人工	249 450	219 560
制造费用	149 670	135 210
生产成本	997 800	1 010 655

要求：

（1）根据上述资料编制湛海机械厂 2012 年 12 月份商品产品成本表，见表 7-3。

（2）分析该厂全部商品产品生产成本计划完成情况，填制表 7-4、表 7-5。

（3）分析该厂可比产品成本降低任务完成情况，填制表 7-6、表 7-7。

表 7-3　商品产品成本表

编制单位：　　　　　　　　　　　　年　　月　　　　　　　　　　　　金额单位：元

产品名称	实际产量/件		单位成本				本月总成本			本年累计总成本		
	本月	本年累计	上年实际平均	本年计划	本月实际	本年累计实际平均	按上年实际平均单位成本	按本年计划单位成本	本月实际	按上年实际平均单位成本计算	按本年计划单位成本计算	本年实际
	(1)	(2)	(3)	(4)	(5)=(9)/(1)	(6)=(12)/(2)	(7)=(1)×(3)	(8)=(1)×(4)	(9)	(10)=(2)×(3)	(11)=(2)×(4)	(12)
可比产品合计 车　床 钻　床 不可比产品合计 铣　床												
全部商品产品合计												

补充资料：(本年累计实际成本)

(1) 可比产品成本降低额为：　　　　　　(本年计划降低额　　)。

(2) 可比产品成本降低率为：　　　　　　(本年计划降低率　　)。

(3) 按现行价格计算的商品值　　　元。

(4) 产值成本率　　元/百元(本年计划为　　　元/百元)。

表 7-4　全部商品产品成本计划完成情况(按产品类别)

编制单位：　　　　年度　　　　金额单位:元

产品名称	产量/件		单位成本			总成本			降低指标	
	计划	实际	上年	计划	实际	按上年计算	按计划计算	按实际计算	成本降低额	成本降低率
可比产品 车　床 钻　床										
不可比产品 铣　床										
全部商品产品										

表 7-5　全部商品产品成本计划完成情况表(按成本项目类别)

编制单位：　　　　年度　　　　金额单位:元

成本项目	全部商品产品成本		降低指标	
	计　划	实　际	成本降低额	成本降低率
直接材料 直接人工 制造费用				
生产成本				

表 7-6　可比产品成本降低任务完成分析表(一)

编制单位　　　　年度　　　　金额单位:元

可比产品名称	计划产量	单位成本		总成本		计划成本降低任务	
		上年	计划	上年	计划	成本降低额	成本降低率
车　床							
铣　床							
合　计							

表 7-7　可比产品成本降低任务完成分析表(二)

编制单位：　　　　年度　　　　金额单位:元

可比产品名称	实际产量	单位成本			总成本			降低情况	
		上年	计划	实际	上年	计划	实际	降低额	降低率
车　床									
铣　床									
合　计									

（二）企业资料 2

（1）胜利家电公司生产的某种型号冰箱 2012 年 12 月有关资料见表 7-8 和表 7-9。

表 7-8　胜利家电公司冰箱成本资料

2012 年 12 月　　金额单位:元

单位生产成本/元	直接材料	直接工资	制造费用	合　计
历史先进水平	279	135	114	528
上年实际平均	315	156	129	600
本年计划	300	150	130	580
本月实际	285	147	123	555
本年累计实际平均	294	153	126	573

表 7-9　胜利家电公司冰箱其他资料

2012 年度　　单位:元

项　目	单　位	上年实际	本月实际	本年实际
单位产品售价	元	900		930
单位产品税金	元	120		123
产品计划销售量	件	765		770
产品实际销售量	件	750		780
产品产量	件		90	
产品累计产量	件			765

（2）胜利家电公司某种型号冰箱单耗资料，见表 7-10。

表 7-10　胜利家电公司冰箱单耗资料

2012 年度　　金额单位:元

成本项目	本年实际	本年计划
直接材料		
消耗量/千克	12.50	12.50
单价/(元·千克$^{-1}$)	23.52	24.00
直接工资		
生产工时/小时	50	50
小时薪酬/(元·小时$^{-1}$)	3.06	3.00
制造费用		
生产工时/小时	50	50
小时费用/(元·小时$^{-1}$)	2.52	2.60

要求：

（1）根据以上相关资料，编制胜利家电公司某种型号冰箱的主要产品单位成本表，见表 7-11。

表 7-11　胜利家电公司主要产品单位成本表

编制单位：　　　　　　　　年　　月　　　　　　　　金额单位：元

产品名称			本月实际产量			
规　格			本月累计实际产量			
计量单位			销售单价			
成本项目	行次	历史先进水平	上年实际平均	本年计划	本月实际	本年累计实际平均
		(1)	(2)	(3)	(4)	(5)
直接材料 直接工资 制造费用						
产品生产成本						

（2）根据以上相关资料，对胜利家电公司某种型号冰箱进行单位成本计划完成情况和单位成本项目变动情况的分析，编制有关分析表（见表 7-12 至表 7-15），并做简要的评价。

表 7-12　胜利家电公司冰箱单位成本分析表

编制单位：　　　　　　　　年度　　　　　　　　金额单位：元

项　目	计划成本	实际成本	实际计划降低情况		各项目降低对单位成本的影响
			降低额	降低率	
直接材料 直接人工 制造费用					
合　计					

表 7-13　胜利家电公司冰箱单位材料成本对比表

编制单位：　　　　　　　　年度　　　　　　　　金额单位：元

计　划			实　际			差　异		
单耗 /千克	材料 单价	材料 成本	单耗 /千克	材料 单价	材料 成本	单耗 /千克	材料 单价	材料 成本

表 7-14　胜利家电公司冰箱单位人工费用对比表

编制单位：　　　　　　　　年度　　　　　　　　金额单位：元

项　目	计　划	实　际	差　异
单位产品工时 小时薪酬率 单位产品工资成本			

表 7-15　胜利家电公司冰箱单位制造费用对比表

编制单位　　　　　　　　　　　　年度　　　　　　　　　　　　金额单位:元

项　目	计　划	实　际	差　异
单位产品工时 小时制造费用 单位制造费用			

四、参考答案

(一) 商品产品成本报表的编制与分析

(1) 根据上述资料,编制湛海机械厂 2012 年 12 月份商品产品成本表,见表 7-16。

(2) 分析该厂全部商品产品生产成本计划完成情况,填制表 7-17、表 7-18。

(3) 分析该厂可比产品成本降低任务完成情况,填制表 7-19、表 7-20。

表 7-16　商品产品成本表

2012 年 12 月

编制单位：湛海机械厂　　　　金额单位：元

产品名称	实际产量/件		单位成本				本月总成本			本年累计总成本		
	本月	本年累计	上年实际平均	本年计划	本月实际	本年累计实际平均	按上年实际平均单位成本	按本年计划单位成本	本月实际	按上年实际平均单位成本计算	按本年计划单位成本计算	本年实际
	(1)	(2)	(3)	(4)	(5)＝(9)/(1)	(6)＝(12)/(2)	(7)＝(1)×(3)	(8)＝(1)×(4)	(9)	(10)＝(2)×(3)	(11)＝(2)×(4)	(12)
可比产品合计							98 100	94 200	93 420	862 200	827 700	838 665
1. 车床	90	765	600	580	555	573	54 000	52 200	49 950	459 000	443 700	438 345
2. 钻床	105	960	420	400	414	417	44 100	42 000	43 470	403 200	384 000	400 320
不可比产品合计								16 200	16 560		170 100	171 990
铣　床	60	630		270	276	273		16 200	16 560		170 100	171 990
全部商品产品合计								110 400	109 980		997 800	1 010 655

补充资料：(本年累计实际成本)

(1) 可比产品成本降低额为：23 533 元(本年计划降低额 32 200 元)。

(2) 可比产品成本降低率为：2.73%(本年计划降低率 4%)。

(3) 按现行价格计算的商品值 1 698 450 元。

(4) 产值成本率 59.5 元/百元(本年计划为 56 元/百元)。

表 7-17　全部商品产品成本计划完成情况(按产品类别)

编制单位:湛海机械厂　　2012 年度　　金额单位:元

产品名称	产量/件		单位成本			总成本			降低指标	
	计划	实际	上年	计划	实际	按上年计算	按计划计算	按实际计算	成本降低额	成本降低率
可比产品						862 200	827 700	838 665	−10 965	−1.32%
车　床	720	765	600	580	573	459 000	443 700	438 345	5 355	1.21%
钻　床	890	960	420	400	417	403 200	384 000	400 320	−16 320	−4.25%
不可比产品							170 100	171 990	−1 890	−1.11%
铣　床	650	630		270	273		170 100	171 990	−1 890	−1.11%
全部商品产品							997 800	1 010 655	−12 855	−1.29%

表 7-18　全部商品成本计划完成情况表(按成本项目类别)

编制单位:湛海机械厂　　2012 年度　　金额单位:元

成本项目	全部商品产品成本		降低指标	
	计　划	实　际	成本降低额	成本降低率
直接材料	598 680	655 885	−57 205	−9.56%
直接人工	249 450	219 560	29 890	11.98%
制造费用	1 149 670	135 210	14 460	9.66%
生产成本	997 800	1 010 655	−12 855	−1.29%

表 7-19　可比产品成本降低任务完成分析表(一)

编制单位:湛海机械厂　　2012 年度　　金额单位:元

可比产品名称	计划产量	单位成本		总成本		计划成本降低任务	
		上年	计划	上年	计划	成本降低额	成本降低率
车　床	720	600	580	432 000	417 600	14 400	3.33%
铣　床	890	420	400	373 800	356 000	17 800	4.76%
合　计				805 800	773 600	32 200	3.996%

表 7-20　可比产品成本降低任务完成分析表(二)

编制单位:湛海机械厂　　2012 年度　　金额单位:元

可比产品名称	实际产量	单位成本			总成本			降低情况	
		上年	计划	实际	上年	计划	实际	降低额	降低率
车　床	765	600	580	573	459 000	443 700	438 345	20 655	4.5%
铣　床	960	420	400	417	403 200	384 000	400 320	2 880	0.714%
合　计					862 200	827 700	838 665	23 535	2.73%

（二）主要产品单位成本报表的编制与分析

（1）根据以上相关资料，编制胜利家电公司冰箱的主要产品单位成本表，见表7-21。

表7-21　胜利家电公司主要产品单位成本表

编制单位：胜利家电公司　　　　2012年12月　　　　金额单位：元

产品名称		冰箱	本月实际产量			90
规　格			本月累计实际产量			765
计量单位		台	销售单价			930
成本项目	行次	历史先进水平	上年实际平均	本年计划	本月实际	本年累计实际平均
		(1)	(2)	(3)	(4)	(5)
直接材料		279	315	300	285	294
直接工资		135	156	150	147	153
制造费用		114	129	130	123	126
产品生产成本		528	600	580	555	573

（2）根据以上相关资料，对胜利家电公司的冰箱进行单位成本计划完成情况和单位成本项目变动情况的分析，编制有关分析表（见表7-22至表7-25），并做简要的评价。

表7-22　胜利家电公司冰箱单位成本分析表

编制单位：胜利家电公司　　　　2012年度　　　　金额单位：元

项　目	计划成本	实际成本	实际计划降低情况		各项目降低对单位成本的影响
			降低额	降低率	
直接材料	300	294	−6	−2%	−1.03%
直接人工	150	153	3	2%	0.52%
制造费用	130	126	−4	−3.08%	−0.69%
合　计	580	573	−7	−1.21%	−1.21%

表7-23　胜利家电公司冰箱单位材料成本对比表

编制单位：胜利家电公司　　　　2012年度　　　　金额单位：元

计　划			实　际			差　异		
单耗/千克	材料单价	材料成本	单耗/千克	材料单价	材料成本	单耗/千克	材料单价	材料成本
12.5	24	300	12.5	23.52	294	0	0.48	6

表7-24　胜利家电公司冰箱单位人工费用对比表

编制单位：胜利家电公司　　　　2012年度　　　　金额单位：元

项　目	计　划	实　际	差　异
单位产品工时	50	50	0
小时薪酬率	3.00	3.06	0.06
单位产品工资成本	150	153	3

表 7-25　胜利家电公司冰箱单位制造费用对比表

编制单位:胜利家电公司　　2012 年度　　金额单位:元

项　目	计　划	实　际	差　异
单位产品工时	50	50	0
小时制造费用	2.60	2.52	−0.08
单位制造费用	130	126	−4